大展好書　好書大展
品嘗好書　冠群可期

吳式太極拳 1

太極拳授課實錄

附DVD

■趙 琴 著

大展出版社有限公司

王培生先生像

作者與王培生先生夫婦合影

作者習武照

作者偕夫人張鳳雪與學生們合影

作者偕夫人與關門弟子合影

書法家李燕剛先生的題詞

書法家趙家璽先生的題詞

趙芹先生雅正

橫戈盤馬此景騎進擊倭虜狼煙塞北江南馳遍顧家園醉心文史喜李杜落筆詩篇人誤許詞情勇略堪稱燕趙少年去左福人妖倒顛悔學劍秦川重省無端轉瞬半百強半華髮頻添故紙堆中苦埋首字裏行間推車漢一杯在手軟飽蘸送流年

調寄漢宮春趙芹於牛棚有感時丙寅

戊寅冬書於北京　商開乾

書法家商開乾先生的題詞

作者簡介

趙琴先生，1926年出生於北京，滿族正白旗，老姓伊爾根覺羅。少年時，適逢抗日戰爭，因不願做亡國奴，輾轉到西北，在甘肅清水的國立十中繼續求學。1944年投筆從戎，參加遠征軍，入緬作戰，參加了艱苦卓絕的密支那戰役，爲取得抗日戰爭的最後勝利做出了貢獻。

1949年以後，在北京電車修配廠工作。自學哈爾濱工業大學的函授課程，「專攻金屬切削專業」，能夠熟練操作各型車床、銑床、刨床、磨床，成爲一名八級技工。

從1952年到1978年的三十多年時間裏，由於政治原因，一直以工代幹。雖然如此，他仍獨自設計製造出空壓機、曲軸專用機床以及大型電機錠子專用機床。編製了北京市無軌電車京一型主電機——86千瓦直流電機的全部工藝，並設計了工裝設備。

1984年，作爲主要設計者研製的645型旅遊客車獲得成功，並投入大量生產。

1985年退休後，受聘參與中國第一台食品速凍機的設計研製工作，負責機械傳動部分的設計及整機制作工藝。

趙琴先生從1978年開始，參加太極拳輔導站的太極拳學習，後成爲崇文區代表隊成員之一，先後獲得兩屆北京市太極拳團體冠軍。

1980年起，從王培生老師學習吳式太極拳，先後掌握了吳式太極拳37式、老架83式、太極刀、太極劍、太極推

手、乾坤戊己功等等。隨老師習拳8年後，於1988年正式拜師入門，成爲吳式太極拳第五代傳人。

1989年，協助師兄李和生接辦東方武學館並擔任授課工作。

1990年到江蘇淮陰市，辦班傳授吳式37式太極拳等；同年又前往內蒙古巴彥淖爾盟等地開班教學。

1991—1993年，在北京師範大學辦班傳授吳式37式太極拳及老架83式太極拳。

2004年被聘爲杭州市吳山太極拳協會專家顧問。

2005年被聘爲北京大興鳴生亮武學研究會高級顧問。

2006年被聘爲第5屆北京市吳式太極拳研究會名譽會長。

2007年列入《華夏近代傳統武林風采》名家錄。

趙琴先生潛心研究太極拳，幾十年如一日。將吳式37式太極拳一招一式的陰陽變化、技擊要點和變化都細緻分析出來，歷時1年多，集成《半瓶齋詮注——太極拳的健身和技擊作用》一書，於2007年3月在人民體育出版社出版，10月第二次印刷，共1萬冊。在全國發行，影響甚廣。（繁體字版：大展出版社有限公司）

在本書中趙琴先生以自己純熟自如的太極功夫，爲37式做了全套演練，各個重點均有講解與技擊演練。此教學實錄不僅給弟子們在習練時有一份如師在畔的參照，也爲廣大後學者提供了一份彌足珍貴的教學資料。

序 一

耄耋譜新篇，情繫太極春

5年前，也就是2007年3月，趙琴先生81歲的時候，人民體育出版社出版了他的《太極拳的健身和技擊作用》一書，把他近30年追隨著名武術家、太極拳技擊藝術大師王培生先生所學到的拳術技藝，結合自己苦練精研的收穫體會，對王培生老師的經典之作吳式太極拳37式，從體、用兩個方面，逐式逐動地進行了細緻、獨到的解析。此書在太極拳界引起了很大反響，獲高度評價，爲廣大太極拳愛好者起到了撥雲見日的作用。但是，很多人並不知道趙琴先生在完成這部著作的過程中，始終忍受著頭部帶狀疱疹的劇烈疼痛和晝夜難眠的痛苦。我被他的精神所感動，欣然命筆爲他寫了「於無聲處聽驚雷」的代序。

5年來，我經常打聽他的健康情況，沒有問及過他寫作的事。我以爲他已經安心頤養天年了，但沒想到他又令人欣喜地完成了《太極拳授課實錄》這部經典巨著。一天，他打來電話，再次囑我作序，使我心裏很不平靜。一位86歲的老人，還這樣嘔心瀝血、奮力急耕爲什麼呢？我們從他的《太極拳授課實錄》的自序中就完全可以窺出其心境。他既不是爲了名利，也不是爲了晚年的輝煌。他是爲了不讓「先輩們許多好的高深武功被帶進棺材，成爲絕唱」；「不像《蘭亭集序》那樣葬於地下，成爲千古憾事」；爲了「青出於藍而勝於藍……」不讓「一代不如一代的悲劇重演」；爲

了不讓「有志上進之後學，臨太極之門徑，望洋興嘆」！

他認為：「保守這個陋習是最大的喪失武德。」他說：「太極拳是民族魂，不是私人財產。」他「希望廣大太極同好拋棄門戶之見……共同切磋，形諸於筆墨，使太極文化發揚光大……」所以他雖值耄耋之年，仍自強不息，熱情傳播，苦心研究，筆墨不停，奉獻不斷，為我們武術人樹立了楷模。我相信，武術界只要多有一些像趙琴先生這種具有無私奉獻精神的人，中國傳統武術的來日會更加輝煌！

趙琴先生的新作《太極拳授課實錄》是吳式太極拳37式和老架83式的合刊之作。他之前雖已有吳式太極拳37式的專著，但不同的是這次附有趙琴先生親自示範的《精講吳式太極拳技擊作用》的DVD光盤。在體、用兩個方面講得都極為細緻、獨到，使讀者既有文字可閱，又有視頻可賞，且一看就會豁然開朗。趙琴先生把吳式太極拳37式所有技擊動作和他苦練精研30年極為珍貴的體悟成果，毫無保留地奉獻出來，給傳統武術文化的百花園增添了一份寶貴遺產，對傳統武術的發展做出了一大貢獻。十分難能可貴！此乃是吳式太極拳同門和太極拳界的一大幸事！

《太極拳授課實錄》一書，合盤推出的老架83式，不是我們現在常見的楊禹廷先生所傳授的吳式太極拳（北派）83式，而是王茂齋先生所傳授的傳統老架。兩種套路各式的動作名稱基本相同，但動作規範和文化內涵差異很大。楊禹廷先生為了通俗易懂、便於推廣普及，用圓周八方線規範拳式動作。王茂齋先生所傳的老架83式太極拳則是按易經休、生、傷、杜、景、死、驚、開的八門來規範動作。內涵高古而豐富，與人體經絡、臟腑和周易八卦、陰陽五行、天

文地理等方面的知識息息相關，其健身、技擊、開智作用的理論、方法深奧、有趣，其效果更爲明顯。楊禹廷先生傳授的吳式太極拳（北派）83式，易學、易練、易懂、易於推廣普及。王茂齋先生所傳授的吳式太極拳老架83式，相比之下要難學、難練、難懂，不易於推廣普及，但卻是我們追根溯源，進一步摸清古今太極拳的發展變化情況，進一步揭開傳統太極拳的精髓、奧妙、眞諦，挖掘研究傳統太極拳和中國傳統文化的好教材，對有志於陟聖造顚、攀登高峰、飽覽傳統太極拳無限風光的廣大太極拳愛好者來說是十分珍貴的，閱後會覺得有曲徑通幽、耳目一新之感，對你原來所掌握的拳術技藝會有新的啓發、新的激蕩、新的補益，會有很大的收穫（注：這兩種練法不一、內涵不同的新、老83式太極拳套路，都是王茂齋先生和楊禹廷先生分別傳授給王培生先生，又經王培生先生再傳而流傳至今的）。

　　另外，趙琴先生還在多篇附錄中把「太極拳與易經」「太極拳站樁要領」「太極拳拳理」「吳式太極拳所涉及的穴位」等都作了深入淺出的詮釋，是太極拳界不可多得的佳作。

　　寫完此序仍覺意猶未盡，我又借與好友、中國當代著名書法家李燕剛先生會面之機請他爲趙琴先生題寫了「行止無愧天地」幾個字，以進一步表達了我對趙琴先生深深的敬意！祝趙琴先生健康長壽！

北京市武術協會委員
北京市吳式太極拳研究會副會長　張全亮
中國武術八段

序 二
「養生有道，防身有術」的授課實錄

太極拳名家、86歲的趙琴先生新著《太極拳授課實錄》即將出版，與讀者見面，這是他幾十年來研究、教學吳式太極拳的殫精竭慮、嘔心瀝血的結晶。這本書中包括兩個部分：王培生先師傳授、趙琴先生講授的吳式太極拳三十七式；第二部分是王茂齋宗師傳授、趙琴先生講授、周鴻策整理的吳式太極拳老架八十三式。在附錄中還收錄有：趙琴先生寫的太極拳與易經、太極拳站樁要領、太極拳理，還錄有練吳式太極拳涉及到的主要穴位。

吳式太極拳以柔化著稱，動作輕鬆自然，連續不斷，拳式靈活。拳架由開展而緊湊，緊湊中而不顯拘謹。推手動作嚴密細膩，守靜而不妄動，亦以柔化見長。

1953年，王培生先生在北京工業學院（現為北京理工大學）教授吳式太極拳時，見學生功課繁重，閒暇時少，應校方之請，將老架八十三式中的重複動作刪去，保留三十七式精華，將拳架以六合八法為綱，重新創編，又輔以精闢闡述，以便師生學練。後經楊禹廷老師首肯，公諸社會。吳式太極拳三十七式完全保留了傳統拳法的真旨，並且經王培生先師博大理論的詮釋，使學練者窺見堂奧，先後在北京和東北地區推廣，深受廣大愛好者歡迎。1981年，此書正式出版後，很快在全國各地廣為傳播，先後多次再版印刷，均搶購一空。還曾翻譯成多種文字出版遠播到海外，影響甚大。

曾維祺翻譯出版的英文版《吳式太極拳》（三十七式，王培生著）一書，曾被美國宇航局列爲宇航員的訓練教材之一。2001年3月28日《中國體育報》報導，美國休斯敦宇航中心在飛船發射前，讓宇航員演練吳式太極拳三十七式，然後進入駕駛艙。美國科學家認爲太極拳是舒解宇航員起飛前心理緊張的最佳手段。

吳式太極拳是從楊露禪宗師所傳的太極拳套路演化而來的。清朝道光年間，楊露禪宗師在北京教拳時，全佑是受益最佳的弟子之一，學得楊式大架，後又從楊露禪次子楊班侯學得楊式小架。因全佑事師最孝，學習篤誠，深受楊氏父子寵愛，兼得楊露禪、楊班侯兩代大、小架之精華，逐步形成自己的風格，時稱他練的拳爲中架太極拳，是吳式太極拳最早的雛形。

據《太極功同門錄》所記，全佑傳人有王茂齋、吳鑒泉、郭松亭等。吳式太極拳的定型是在1902年全佑逝世以後，王茂齋和師弟吳鑒泉、郭松亭等一起經過多年的演練、切磋、研究、提煉、昇華，並吸收了其他優秀的太極拳技法，形成了新的拳式特點。中正安舒、不縱不跳、輕柔緩慢、鬆靜自然、緊湊舒伸、圓活靈巧、點打拿發融爲一體，廣爲傳播，使吳式太極拳名聲顯赫，愛好者隊伍不斷擴大。當時叫「太極功」（見1929年王茂齋編輯出版的《太極功同門錄》）。

1928年，吳鑒泉先生南下後，王茂齋先生擔起了吳式太極拳在北方發展的重任，經常輔導弟子們在北平智化寺、東堂子胡同等處練拳。20世紀30年代初期，在太廟（今勞動人民文化宮）成立了「北平太廟太極拳研究會」，王茂齋

先生主教，其得意弟子楊禹廷先生助教。「北平太廟太極拳
研究會」是當時太極拳愛好者學習、活動的群眾組織和主要
場所，亦是太極拳高手雲集，名宿、商界及各行業人士練
拳、交流之處。

王茂齋先生在全佑逝世之後，一直聞雞起舞，苦練精
研，廣收門徒，傳藝不止，苦心經營近四十年，培育了眾多
的武林高手，並把技藝推廣到山東、東北等地。主要弟子有
彭仁軒、趙鐵庵、楊禹廷、修丕勳、曹幼甫、李子固、王子
英（子）、劉光斗、王歷生（侄子）等一百多人。

吳式太極拳老架八十三式，由王茂齋先生口傳親授給再
傳弟子王培生先生。20世紀90年代初，王培生老師開始在
《人民日報》社、舞蹈學院、國家教委等單位開班傳授吳式
太極拳老架八十三式。1995年，趙琴老師和師弟張偉一老
師帶領日本、韓國四名入室弟子，在王培生老師家中學老架
八十三式數月，又進一步得到王培生老師親傳。

趙琴先生1926年出生於北京，滿族，正白旗，覺羅
氏。學生時期曾參加過中國抗日遠征軍，跟隨以「飛鷹將
軍」孫立人為代表的愛國抗日將領，赴印度、緬甸戰場抗
日，歷經千辛萬苦，打出了中國軍人的英勇善戰、堅貞不屈
的精神。

新中國成立以後，趙琴先生多年從事機械加工工作，刻
苦鑽研，熟練操作車床、銑床、鑽床、刨床、磨床等多種機
床，後又自學成才，成了一名機械工藝設計師，參與設計、
製造了645型旅遊客車、中國第一台食品速凍機等，受到有
關部門的表彰和嘉獎。多年風風雨雨的生活磨鍊，成就了他
堅韌不拔的性格和「行勝於言」的作風。

　　一位86歲的老人，長年堅持到公園教拳、研究推手技藝、著書立說，毅力驚人，精神堪稱楷模。正是這種優良的品德，使他鍾愛傳統文化、演練太極拳，30年來持之以恆。多年的機械工藝設計工作，養成了做事細緻認眞、一絲不苟、重視規範的工作作風和精益求精的精神。他以加工精密機件的細緻入微的作風來研究演練太極拳，對太極拳的每招每式的運動軌跡、方向、意念都研究得深入細緻。爲了深研王培生先生的吳式太極拳三十七式，多次從頭學起。當年王培生先生在承德市教拳，趙琴先生就跟到承德市學習。他把王培生先生的吳式太極拳三十七式一招一式都仔細體悟，反覆玩味，廣泛交流，把王培生先生書上寫的、課堂上講的、示範時聯想發揮的，都一一記錄，並反覆實踐、驗證，並得出自己的體會。如果說王培生先生是在保護中傳承傳統武術的榜樣，又是在創新中發展傳統武術的楷模，趙琴先生就是忠實地繼承了王培生先生的優良傳統。

　　多年來，趙琴先生培養了眾多優秀的太極拳人才。例如，韓國弟子朴鐘球，他悟性好，認眞刻苦，學有所成，現在韓國首都首爾開辦身心修煉中心（武館），傳授中國的傳統太極拳，在韓國影響甚廣，還擔任了韓國武術太極拳聯盟的領導職務。

　　趙琴先生曾多次在北京吳式太極拳研究會和北京理工大學工會聯合舉辦的太極文化講座上，講授過「吳式太極拳經典拳式——攬雀尾——動作解說與用法」「如何避免雙重」等，受到好評。曾應邀在江蘇淮陰市和內蒙古巴顏淖爾盟、錫林格勒盟，以及北京師範大學教授吳式太極拳三十七式及吳式太極拳老架八十三式，受到愛好者的歡迎。趙琴先生出

版的其他著作還有《半瓶齋詮注「太極拳的健身和技擊作用」》（人民體育出版社出版）。

在「半瓶齋」裏，趙琴先生與「黃金搭檔」（賢內助、夫人張鳳雪）「看經文、讀文史、會拳友，試法過招」，他們不僅有「以文觀法」之智慧，更擅長「以形鑒真」的才能。在三十七式和八十三式總綱的基礎上，結合「三導」「三多」（易導、生理導、經絡導；多方面、多角度、多層次），大視野地闡發述明，完善三十七式和八十三式「言猶未盡」之處。深研三十七式和八十三式也是愛好者和習練者的傳承需求。「半瓶齋」主人做到「常後而不先，常應而不倡」，予人之所思，授人之所想的求實治學美德。

《荀子·勸學篇》中指出，「鍥而不捨，金石可鏤」。趙琴先生正是這種「鍥而不捨」作風的典範。在一些人心態浮躁的當下，尤其需要提倡這種作風。

建設文化強國是現在的當務之急。武術太極拳文化是中華民族優秀傳統文化的珍寶，相信趙琴先生和他的弟子們奉獻出的這本《太極拳授課實錄》一書，必將豐富武術太極拳文化的寶庫。愛好者、演練者如能從中讀懂、讀通而又得其要旨，將會步入「養生有道，防身有術」的境界。一書在手，終身受益。

周世勤
於北京中關村西區　勵勤書屋

註：周世勤係北京市武協理事、學術委員會副主任、北京吳式太極拳研究會常務副會長；王培生先生弟子，中國武術八段，全國優秀武術輔導員；航天三院教授。

目　錄

第一章

八十三太極拳
授課實錄

王茂齋　傳
王培生　授講
趙　琴　講

作者自序

要打個明白陰陽哲理的拳

吳式太極拳老架八十三式，是吳氏第二代掌門人王茂齋先師口傳心授給再傳弟子王培生（王培生老師是第四代掌門人）老師的。當時社會上所練的傳練的吳式太極拳是傳統套路，是楊禹廷師爺（第三代掌門人）所授的八十三式，分解為326動。到1980年，楊禹廷師爺96歲高齡，無病安詳辭世。上世紀90年代初，王培生老師開始在《人民日報》社、舞蹈學院、國家教委等單位開班傳授吳式太極拳老架八十三式。1995年，本人和師弟張偉一帶領日本、韓國四名入室弟子，在老師家中學此拳數月，又進一步得到老師親傳。四弟子中的韓國弟子朴鐘球悟性好，認真刻苦，學有所成。現已在韓國首都首爾開辦武館，傳授中國的傳統太極拳，在全韓影響甚廣。

1997年，本人應本市北城一帶諸同門的要求，在北京師範大學開班教練此套老架八十三式。此套路名稱、順序與楊禹廷師爺的八十三式雷同，但內涵及動作差異很大。例如，楊師爺所授套路中的九個攬雀尾都一樣，只有隅步、正步之分，但這套老架八十三式九個攬雀尾則有九個不完全相同的內容。第一個攬雀尾走任、督二脈，第二個攬雀尾為十六肘拜八門，第三個攬雀尾為一陰一陽掌，第四個攬雀尾為獅子大張嘴等。楊禹廷師爺用按圓周360°畫

分的八方線，代替傳統易經的八門來規範動作，而此老架套路強調易經的休、生、傷、杜、景、死、驚、開不同內涵的八門來規範動作，一舉手，一投足，均與人體的經絡腧穴相關聯，充分體現了內家拳的特點。我個人體會，盤這套拳時，有如行雲流水，毫無勉強生澀之感，這就是太極拳順乎自然求自然的具體體現，它在健身方面能起到事半功倍的效果。

　　我在北師大教此拳時，著重講解王培生老師所強調的東方易經的陰陽哲理。具體到太極拳中的體現是「陰陽腳下分，陰靜實，陽動虛」這個鐵的原則，結合西方生理學的交互神經的對應點和中醫內經的循經走穴。這樣的講述，就把一般人常說的「以心行意，以意導氣，以氣運身」的拳理再深一步，弄清每招每式每動意在哪裡，將拳理具體運用到盤拳的每一式，每一動，及散手、推手的實踐中去，使陰陽虛實的脈絡分明，這就是王培生大師一脈相傳的吳式太極拳的教學特點。這叫明理，明太極陰陽哲理。打拳，要打個明白陰陽哲理的拳。王培生大師有句名言，也是我們作弟子的座右銘：「習太極拳，太極哲理不可須臾離也，可離，非太極拳也。」

　　1997年我在北師大教拳時的授課錄音，由我的師弟孫國梁（高級工程師）和張偉一（工會工作者）整理成冊，供拳友們學習參考。自2001年至2006年，我又先後在元大都遺址公園和奧體中心講授此套拳，並將我本人在數年中的點滴研悟和提高，結合授拳隨時作了具體介紹。我的學生周鴻策學習非常用心和認真，根據我近幾年的授課、說拳，結合他數年的聽課記錄，在先前孫、張二位所印小

冊子的基礎上，整理出一份較系統的學習材料，將吳式太極拳老架八十三式分解成338動，我認為這份材料有助於更好地理解這套拳的內涵，提供同好者參考、切磋。

另外，此書未談及各式各動的技擊作用，技擊問題可參閱我的拙作《太極拳健身與技擊詮注》（大展出版社出版），此書已詳盡敘述吳式拳一招一式一動的技擊要領，在本書中不再重述。

在此感謝孫國梁、張偉一兩師弟和我的學生周鴻策先生，為完成本書付出的繁重勞動。

二〇〇六年初冬

第一節　八十三式太極拳動作名稱

無極式（預備式）

第一式　太極起勢
第二式　攬雀尾（1）
第三式　斜單鞭
第四式　提手上式
第五式　白鶴亮翅
第六式　摟膝拗步
第七式　手揮琵琶
第八式　上步搬攔捶
第九式　如封似閉
第十式　抱虎歸山

第十一式　左右斜步摟膝
第十二式　隔步攬雀尾（2）
第十三式　斜單鞭
第十四式　肘底看捶
第十五式　倒攆猴
第十六式　斜飛式
第十七式　提手上式
第十八式　白鶴亮翅
第十九式　摟膝拗步
第二十式　海底針
第二十一式　扇通臂

第二十二式　撇身捶
第二十三式　卸步搬攔捶
第二十四式　上步攬雀尾（3）
第二十五式　單鞭
第二十六式　雲手（180°）
第二十七式　左探馬
第二十八式　右分腳
第二十九式　右探馬
第 三 十 式　左分腳
第三十一式　轉身左蹬腳
第三十二式　進步栽捶
第三十三式　翻身撇身捶
第三十四式　右蹬腳
第三十五式　左右打虎
第三十六式　提步蹬腳
第三十七式　雙風貫耳
第三十八式　披身蹬腳
第三十九式　轉身蹬腳
第 四 十 式　上步搬攔捶
第四十一式　如封似閉
第四十二式　抱虎歸山
第四十三式　左右斜步摟膝
第四十四式　隅步攬雀尾（4）
第四十五式　斜單鞭
第四十六式　野馬分鬃
第四十七式　玉女穿梭
第四十八式　進步攬雀尾（5）
第四十九式　單鞭

第 五 十 式　雲手（270°）
第五十一式　下勢
第五十二式　金雞獨立
第五十三式　倒攆猴
第五十四式　斜飛勢
第五十五式　提手上勢
第五十六式　白鶴亮翅
第五十七式　摟膝拗步
第五十八式　海底針
第五十九式　扇通臂
第 六 十 式　撇身捶
第六十一式　上步搬攔捶
第六十二式　上步攬雀尾（6）
第六十三式　單鞭
第六十四式　雲手（360°）
第六十五式　高探馬
第六十六式　撲面掌
第六十七式　十字擺蓮
第六十八式　摟膝指襠捶
第六十九式　上步攬雀尾（7）
第 七 十 式　單鞭
第七十一式　下勢
第七十二式　上步七星
第七十三式　退步跨虎
第七十四式　回身撲面掌
第七十五式　轉身雙擺蓮
第七十六式　彎弓射虎
第七十七式　上步錯捶

第二節　八十三式太極拳動作分解

太極拳又有「太極十三勢」的名稱。所謂十三勢，也就是「八門五步」。「八門」亦稱八法，即掤、捋、擠、按、採、挒、肘、靠（也稱八方，即四正和四隅）；「五步」即前進、後退、左顧、右盼、中定。學習太極拳首先應該弄懂「八方」與「五步」的說法和理解以圓周360°畫分的運動角度。

無極式（預備式）

面南而立。人體背後的督脈屬陽，大自然的北面（為坎卦）屬陽；人體前面的任脈屬陰，大自然的南面（為離卦）屬陰。練功時面南而立，人體的陰陽和大自然的陰陽相一致。由於同性相斥，人體在練功時產生的氣場不會被大自然的氣場所吸收。

兩眼平遠視。神意內斂，不接受外界事物的影響，做到面前有人似無人。

搭鵲橋。舌尖抵上齶，將任、督二脈接上，此為通大小周天的先決條件。

兩臂自然下垂。兩手中指貼於左、右大腿外側的風市穴。意念在兩食指尖紮地，兩肩、肘、腕向下鬆垂。

兩腳平行站立。兩腳內側相距一個順腳寬。兩腳平行，兩腎俞穴相合，腰呈圓柱形，否則腰是扁的。吳式拳的步法要求是川字步，兩腳須平行。

（1）調　形

全身放鬆。全身關節對拉拔長，節節貫穿，入地植

圖1-0-1

根，使全身的每個關節產生間隙。意想皮與肉分離，肌肉與骨分離，感到全身有膨脹感。上肢：兩手十指紮地，依次為梢節、中節、根節。前臂不動，腕關節往地下拔；上臂不動，肘關節往地下拔；肩關節往地下拔。下肢：兩足大趾往前頂，踝關節往上拔；膝關節往上拔；胯關節往上拔。軀幹：尾閭下墜；腰椎五節、胸椎十二節由下而上逐節逆時針向上旋起拔開；頸椎七節，只想下頜緩緩回收，即可放鬆。調形完畢後，使頭部虛領頂勁，兩耳垂肩，鼻對胸。（圖1-0-1）

（2）調　息

一呼一吸為一次調息。我們要的是拳式（逆式）呼吸。吸氣時，肚臍回貼命門，大椎骨節節起來，內氣從照海穴經陰蹺脈到丹田；呼氣時，命門催開肚臍，大椎骨節節落下來，內氣從丹田到會陰再到環跳，經陽蹺脈，到大足趾入地植根。共調息三次。外氣是鼻孔呼吸。

（3）調　神

要求無雜念，心靜神寧，什麼都不想，專心致志，一心練拳。一意破萬念，意守破雜念。

在調形、調息、調神後，使其達到鬆靜，達到鬆空圓活的妙趣。如李道子所說：「無形無象，全身透空。」物極必反，靜極生動，開始練拳。

第一式　太極起勢

本式共4動。

1. 兩掌前掤

兩手微握，掌中如有一個小氣球，拇指微上翹並與食指虛合（留有一空隙），鬆腕，以合谷穴為引導，沿向前、向上的大弧線飄移，向前、向上托球；當兩臂向上舒伸到45°時，感覺球重，此時沉肩墜肘，意想拇指中商穴似流星升空，拇指少商、老商兩穴追趕中商到高空，直到兩合谷穴與肩同高同寬，兩掌指尖微屈，向前鬆垂，兩掌心相對；重心在兩腳，意在兩掌心；視線向前平遠視。（圖1-1-1）

2. 左腳橫移

意想拇指的少商穴、中指的中衝穴、食指的商陽穴、無名指

圖1-1-1

的關衝穴順次托天；此時兩掌心翻轉向上，兩掌穩穩地將球托著。隨即兩手托起的球慢慢地向西南漂移，順序離開了右拇指、食指、中指、無名指、但未離小指，於是拇指、食指、中指、無名指、小指依次向右前方追球，隨之重心向右移至右腳，右臂繼續向西南（右前方）舒伸；左腳自動向左橫開，左大趾虛著地，未落實，兩腳內側為一橫腳寬，兩腳外緣與肩同寬，重心在右腳，意在右掌心；視線隨右掌食指平遠看。（圖1-1-2）

圖1-1-2

3. 兩腳平立

左腳大趾、二趾、三趾、四趾、小趾隨右掌小指、無名指、中指、食指、拇指依次往回勾球，而逐一落實；重心移至兩腳

圖1-1-3

中間，兩腳外緣與肩同寬；右掌托球平移至正前方，兩掌心向上，與肩同寬同高；繼而想兩掌的後谿穴，意念以中指為軸，四指為輪，隨後谿穴一點旋轉，兩掌自然翻轉，掌心朝下，輕扶在漂浮的球上；重心在兩腳，意在兩掌心；兩眼向前平遠看。（圖1-1-3）

4. 兩掌下採

圖1-1-4

兩掌向下按球，按球不想球，意想兩腿內側陰蹻脈上的照海穴、足太陰脾經上的陰陵泉穴、任脈的會陰穴、足少陽膽經的環跳穴、督脈的命門、經外穴夾脊、督脈上的大椎穴、足少陽膽經的肩井穴、手陽明大腸經的曲池穴、手少陽三焦經的陽池穴、手厥陰心包經上的內勞宮穴，依次向下鬆垂；意導氣、氣運身，於是自動地鬆踝、提膝、鬆胯、鬆腰、沉肩、墜肘，身體屈膝下蹲；意想尾閭夠鼻尖、膝尖切大敦穴、虛領頂勁、溜臀；兩掌指尖向前下方舒伸，兩掌隨屈膝下蹲而自然向下鬆落、平按，兩臂微屈，兩掌輕扶在氣球上，按到兩臂自然垂於股骨兩側，兩拇指輕頂在兩風市穴處，掌心向下，虎口朝前；重心在兩腳，意在兩掌心；眼向正前平遠看。（圖1-1-4）

第二式 攬雀尾（1）

本式共8動。

1. 左掌平按

意想見一球自遠處衝來，隨即重心右移，右腿屈膝獨立，左腿鬆力微向右提起，兩腿陰陵泉相貼，左腿向左後撤步；同時兩臂以合谷為引導向前掤起，與肩同寬，兩掌

圖1-2-1

圖1-2-1

心遙相對（圖1-2-1）；左腳尖先著地，向後坐身，意想膻中穴留在原處，左腳逐漸落平，體重移向左腿，右腳跟虛起，腳尖著地，成左正步坐勢；重心邊後移，兩掌自面前邊向體兩側畫弧分開，兩掌心向前，同肩高，這叫見入則開，以吸納、卸掉對方來勢，是為引進落

圖1-2-3

空；意在左掌心，兩眼向前平遠視。（圖1-2-2）

　　此時該球已進入手足圈內，於是左掌以外勞宮穴自左側向右推球，到左掌的後谿穴與右大趾內側隱白穴上下相對；接著右掌自右側向左舒伸到左臂曲池上方，掌心向東北（圖1-2-3）；兩臂虛合的同時弓右膝，重心前移至右腿，左腿鬆力，上左步，腳跟著地，成右正步坐勢；重心

圖1-2-4

圖1-2-5

在右腳，意在右掌指尖；兩眼自左掌拇指尖平遠看，這叫遇入則合。（圖1-2-4）

2. 右掌伸擠

身體重心前移，左腿屈膝前弓，成左正步弓勢；同時右掌自左臂曲池上方向東南舒伸，掌心朝東北；左臂為一橫，右臂為一豎，兩臂成剪刀勢；意想用肚臍頂球，出擠勁；重心在左腳，意在左掌心；視線隨右食指尖向東南隅平遠看。（圖1-2-5）

3. 右掌平按

意念右掌小指蓋托天，依次想到大拇指蓋托天，使右掌心翻轉向下；而後眼觀八方線，手追眼神，右掌自東南經正南到西南向右後平捋；捋到西南時右腳跟內收，腳尖朝正西，右掌平捋到正西時扣左腳掌，左腳尖亦向西（圖1-2-6）。右掌捋到正北時，右掌心由向下轉為掌心向

圖1-2-6

圖1-2-7

左，成立掌，兩掌又一次向兩側分開；此時由左正步弓勢變為右正步弓勢。

　　右掌以外勞宮穴向左推球，到右掌後谿穴與左足大趾隱白穴上下相對，同時鬆左胯、沉左肩，身體重心後移於左腳，右腳跟虛起，向右前微移步，調整與左腳的距離，腳跟著地，由右正步弓勢變為左正步坐勢；同時，左立掌向右舒伸到右臂少海穴下方，掌心朝東北，兩臂虛合；重心在左腳，意在左掌指尖；兩眼由右掌拇指尖平遠看。這是又一次遇入則合。（圖1-2-7）

4. 左掌伸擠

　　身體重心前移，右腿屈膝前弓，右腳落平，成右正步弓勢；同時，左立掌從右臂少海穴下方向西北舒伸，掌心朝東北，右臂為一橫，左臂為一豎，兩臂成剪刀勢；意想肚臍頂球，出擠勁；重心在右腳，意在右掌心，視線隨左食指尖向前平遠看。（圖1-2-8）

圖1-2-8　　　　　　　圖1-2-9

5. 左掌前掤

意想右掌自拇指蓋至小指蓋依次托天，使右掌心翻轉朝下，指尖向西南，後令兩掌虛合，右上左下，兩掌的大陵穴找中衝穴，中衝穴再找大陵穴，兩掌內勞宮穴遙遙相對；腰微右轉，逐漸由右正步弓勢變為左正步坐勢，右腳跟虛起；兩掌抱球沿外弧微右後将；隨後左轉腰，兩掌走內弧線，向左前掤，先以左掌後谿穴（後谿為督脈之根）遙對右乳根穴，右腳小趾扣一扣地，背部的右膏肓穴有感應，再以左掌後谿穴遙對膻中穴並後透夾脊、至陽穴，右腳中趾扣一扣地，同樣有舒適感；再微左轉腰，使左掌後谿穴遙對左乳根穴，並後透左膏肓穴，右大趾扣一扣地，背部的左膏肓穴有反應（圖1-2-9）。

此時重心後移成左正步坐勢，右腳跟虛起，腳尖著地；兩掌虛合，以左掌列缺穴（列缺為任脈之根）為引導，以腰為軸，向左前走外弧線，左掌以掤勁向西南移動，沿外弧線經正西掤到西北；此時逐漸由左正步坐勢變

圖1-2-10

圖1-2-11

右正步弓勢，重心在右腳，意在右掌心；眼神隨右掌食指尖平遠視。（圖1-2-10）

6. 右掌前掤

陰陽掌互換，使兩掌左上右下，同樣要做到兩掌的中衝穴找大陵穴，大陵穴找中衝穴，兩掌內勞宮穴遙遙相對；再以左掌列缺穴為引導，以腰為軸，自西北開門，先沿外弧右後掤，再走內弧線，使左掌列缺穴遙對右乳根穴，後透右膏肓穴，右足小趾指天；再以左掌列缺穴遙對膻中穴並後透夾脊、至陽穴，右腳中趾指天；腰再微左轉，使左列缺穴遙對左乳根穴並後透左膏肓穴，右大趾指天。此時已由右正步弓勢變為左正步坐勢，右腳跟著地，右腳尖翹起（圖1-2-11）；

兩掌仍虛合，左上右下，再以左掌後谿穴為引導，以腰為軸，向左走外弧線，右掌以掤勁向西南移動，沿外弧掤到正西，隨之兩掌由上下虛合逐漸變為左掌輕扶右脈門，

圖1-2-12

圖1-2-13

意想右掌五指自拇指蓋至小指蓋依次貼地，向西北伸展前掤；此時逐漸由左正步坐勢變右正步弓勢，重心在右腳，意在右掌心；眼神隨右掌食指尖平遠看。（圖1-2-12）

7. 右掌後掤

以右掌拇指為引導，右掌向右後方走外弧線向右後反採，鬆右肩、右肘、右腕，身向後坐，左掌隨右掌動，扶於右脈門；當右拇指指向東北時，意想左肩自身前與右胯合，右胯向下鬆力，沉右肩墜右肘，令右拇指遙對右地倉穴；右腳尖翹起，變為左正步坐勢，重心在左腳，意在左掌心；視線隨右食指尖動。（圖1-2-13）

8. 右掌前按

左轉腰，右拇指找右地倉穴、左地倉穴，意想左手粘著右手動，要體現肩與胯合、肘與膝合、手與足合；隨腰左轉，右腳左扣，腳尖朝南，身隨步轉，面朝南偏東，左

腳尖朝西，重心仍在左腳；意想左胯背後催右肩，右掌舒伸推空氣，向前（東南隅）按掌；身體重心後移至右腳，左腳掌著地，腳跟虛起；然後右轉腰，右掌向右後旋腕，自東南轉向西南；左腳掌為軸，腳跟裏收虛起，與右腳成丁虛步；左手指尖隨動，輕扶右脈門；重心在右腳，意在右掌

圖1-2-14

心，視線隨右食指尖平遠看。（圖1-2-14）

　　註：後谿穴屬手太陽小腸經，是督脈交會於手太陽小腸經的一個「輸」穴（即經氣所灌注之處，如水流由淺入深，故稱「輸」），所以後谿穴通督脈。列缺穴屬於手太陰肺經的絡穴（有聯絡的意思，十四經各有一條絡脈，因此也有一個絡穴），是任脈交會於手太陰肺經的一個「絡」穴，所以列缺通任脈。

第三式　斜單鞭

本式共2動。

　　單鞭一式喻豎腰、立頂、蹲身動作為鞭竿，喻兩臂展開動作為鞭梢，即以鞭竿坐勁而力貫鞭梢之意。體現上下相隨。

1. 右掌變鉤

　　右掌探向西南死門（為主動），同時左腳向東北生門

| 圖1-3-1 | 圖1-3-2 |

後撤一大步（為從動），此時左腳大趾虛點地面，能抬起，而後右掌小指扣地，左足大趾碾地落實像「逗號」一樣；接著無名指扣地、左足二趾落實；然後依次右中指、食指及拇指依次扣地，同時左腳中趾、四趾、小趾逐一落地；坐腕時，左腳掌落實，右掌五指鬆攏變鉤，右腕鬆力，突出陽池穴，鉤尖向下鬆垂，拇指與食指虛合，掌心如握一氣球，左掌仍扶右脈門；左腳掌已落實，左腳跟虛起，重心仍在右腳，意在右鉤；視線自左掌食指尖平遠看。（圖1-3-1）

2. 左掌平按

墜右肘，同時左膝自屈，沉右肩，左胯自坐，此時為手、肘、肩、身，自右至左，節節貫穿；左掌以食指引導，由右腕下向前上舒伸（實為右腕下沉），再逐漸向左沿外上弧形移動，左掌心與眼相平，視線自左掌食指尖上方平遠看，左掌移到兩腳正中時，左腳跟內收落平；腰部鬆垂，重心漸分落於兩腳，成馬步；左掌以小指引導，掌心逐漸往外

翻轉，至左腳尖前外上方為止，掌心朝外（東北），指尖向上，腕與肩平；胸向東南杜門；左掌發力時，意在右鈎陽池穴，右腳跟外展舒正，兩腳尖朝東南方向，重心在兩腳，意在兩掌心；視線隨左掌食指尖平遠看。（圖1-3-2）

第四式　提手上勢

本式共4動。

1. 右抱七星

腰微左轉，掌隨身動，右鈎手變掌，隨勢向小腹左下方鬆垂，下採到左氣衝穴（臍中下5寸，距前正中線2寸）（圖1-4-1）；重心左移，成左側弓步，右腳跟虛起內收，腳尖朝南；右手抓出五臟六腑隨右轉腰將其拋向西南方（實際是撩打）；同時向右扣左腳，擺頭向南，重心右移，成右正步弓勢，左掌採向右腳（實際採對方的右腕）（圖1-4-2）；然後鬆腰坐胯，沉左肩、墜左肘，重

圖1-4-1

圖1-4-2

圖1-4-3

圖1-4-4

心再移於左腳，右腳跟虛起，繼而腳尖上仰，右腳跟著地，成左正步坐勢；同時，右掌回捋，經左前臂內側上掤，掌心轉朝內，右掌拇指遙對鼻尖素髎穴，左掌回收貼於右臂彎處，成右抱七星狀；重心在左腳，意在左掌心，兩眼從右掌拇指尖向前平遠視。（圖1-4-3）

2. 左掌打擠

意想鬆左肩、墜左肘，左掌移到右脈門處相貼，這時右腕像斷了一樣，自動橫落於胸前，右掌心向內，指尖向左，左掌心向前，指尖朝天，左手指尖與鼻尖等高對正，然後左掌打擠；與此同時右腳落平，右膝前弓，膝尖垂直於右足大敦穴，左腿在後蹬直，形成右正步弓勢；重心在右腳，方向正南。擠時對方一含胸，我右前臂微內旋，左掌根透右脈門，微向前下扣。意想夾脊穴找湧泉穴，脊背有微向後倚之意；重心在右腳，意在右掌腕，視線隨左掌食指尖平遠看。（圖1-4-4）

圖1-4-5

圖1-4-6

3. 右掌變鉤

右掌五指鬆攏變鉤。掌變鉤時，腕不動，掌不動，僅五指變鉤，意將五臟抓出，即出內勁（寸勁）；右鉤向前上方順任脈上提（實際是托擊對方下頜），同時左掌心向下，指尖向右，向下按（如按在右足大敦穴上）；隨右腕上提而虛領立身，左腳隨右鉤上提跟步，收至右腳內側並齊；右鉤提到略高於頭維穴，左掌按到臍下；重心在右腳，意在右腕，眼神隨右鉤食指仰視上方。（圖1-4-5）

4. 右鉤變掌

右鉤上提到略高於頭維後，五指依拇指、食指、中指、無名指、小指的順序紮天，鬆鉤變掌上插，掌心向外前上方，左掌自臍下按壓；重心移至左腳，意在左掌心下按大敦穴，眼從右掌食指尖仰視上方。（圖1-4-6）

圖1-5-1

圖1-5-2

第五式　白鶴亮翅

本式共4動。

1. 俯身按掌

收腹鬆腰，逐漸向前俯身；手隨身動，左手輕扶對方後腰，鬆右腕、右肘、右肩，右掌下按（蓋堵對方的呼吸器），眼神隨右掌食指尖動；俯身到右掌，掌心向下與肩平，即按到右食指蓋對正眼睛時（似鞠躬90°），視線過渡到左掌食指尖，左掌向下按至極度；兩腿直立俯身，膝部不要彎曲，重心在左腳，意在左掌心，視線由右掌食指尖向前平遠視。（圖1-5-1）

2. 左轉翻掌

左腕鬆力，左掌指尖下垂，眼看左掌中指蓋，中指蓋不讓看，看食指蓋，也不讓看，再看拇指蓋，此時翻左掌，掌

圖1-5-3

圖1-5-4

心向上，用指肚托眼神，而眼神看右肘，使左掌心向前向下掖掌，以拇指引導左掌翻轉向正東，外移到左腳心外側為度，視線移於左掌中指尖，右掌不動，只隨腰從右轉到正東，掌心向外；重心在左腳，意在左掌掌心；視線由左掌中指尖向下看。（圖1-5-2）

3. 左掌上掤

重心在左腳，先想左掌入地三尺，再想左掌向東豁溝至無限遠（圖1-5-3），左掌上掤，身隨掌起；當左掌伸至頭上方，身體直立並轉向正南，右掌隨之轉向正南，兩掌心均向前，十指尖向上；重心在左腳，意在左掌心；視線由兩掌中間向前上方仰視。（圖1-5-4）

4. 兩肘下垂

意想用兩掌托球，這球很大，托著吃力，再用兩肘去助托，還托著吃力，用神闕穴去托球，然後用肚臍去吸這

個球，球落了地；鬆踝、提膝、鬆垮、鬆腰、沉肩墜肘，兩腿屈膝下蹲；兩肘尖漸漸下垂，兩掌隨肘下落，兩掌心相對，指尖向上，兩腕與兩肩平，略比肩寬；重心在兩腳，意在兩掌心；眼由兩掌中間平遠看。（圖1-5-5）

圖1-5-5

第六式　摟膝拗步

本式共12動。

1. 左掌摟膝

屈膝下蹲，重心左移，腰微左轉，兩臂向左前鬆垂，雙手左前抱球，球脫落（圖1-6-1）；轉向正前抱球，球又脫落（圖1-6-2）；身體轉向右前抱球，球這才被抱起

圖1-6-1

圖1-6-2

圖1-6-3

圖1-6-4

圖1-6-5

來（圖1-6-3）。用右手托球，左手右前扶球（圖1-6-4）；右手合谷穴找右耳門，這時球變小，左手由球心摸右腋下極泉穴，而後下摸右乳下的期門穴（圖1-6-5）；稍向右摸右肋下的章門穴，再摸右股骨大轉子上的右環跳穴，繼而摸右小腿外側腓骨頭前下方凹陷處的右陽陵泉穴，左轉腰，扣右腳，左手再摸左小腿外側的左陽陵泉穴

圖1-6-6　　　　　　　　　圖1-6-7

（圖1-6-6）。此時用右耳門貼一下右合谷穴；右肩背後
催左胯，右肘背後催左膝，左陽陵泉推左掌內勞宮穴，左
腳橫開；左掌虛按至左小腿外側，左腳跟虛著地，成右正
步坐勢，重心在右腳，意在右掌指尖；視線隨左掌食指尖
轉向左前下看。（圖1-6-7）

2. 右掌前按

左腳跟由虛著地慢慢落實，意想右肩合左胯，左腳心
落實，右肘合左膝，左腳掌落實，右手合左腳，左腳趾落
實（順序按大足趾、二、三、四、小足趾依次落實）；同
時，右掌自右耳門以無名指引導向前穿針引線，朝正東按
掌，以中指引導立腕，以食指第一道橫線為基準旋腕，虎
口向上，拇指尖遙對左鼻孔，腕與肩平；左腳完全落實，
重心前移，右腳跟微向外碾轉，腳尖朝東，成左正步弓
勢；左掌鬆垂到左胯外側，微內旋，虎口斜朝向前右方，
重心集於左腳，意在左掌心；視線經右手拇指尖上方平遠

圖1-6-8

圖1-6-9

看。（圖1-6-8）

3. 右掌回捋

豎腰立頂，重心前移；右臂向前舒伸，掌指向前，掌心向下；隨右臂前伸，鬆右腿，右腳跟步，與左腳並成自然步，微立身；沉右肩、墜右肘，後坐體重，重心漸移至右腳，右腿微屈，右掌回捋，右掌拇指對準膻中穴，掌心向左，指尖斜向上，左掌微前移至左腿左側，掌指向前，掌心向下；左腳尖虛點地，左腿微屈，重心集於右腳，意在右掌心；視線向正前平遠看。（圖1-6-9）

4. 左掌前掤

鬆腰鬆胯，身體微向右後轉；右肩、右肘向右後紮，左掌以食指引導向右前斜掤，掌心逐漸轉朝內，左掌拇指指尖遙對右鼻孔，腕與肩平，同時右掌以拇指引導向左前合，至拇指尖貼於左臂彎為止，虎口張開，食指尖、中指

尖貼於左前臂內側，掌心斜向左下方；左腿向前舒直，腳跟著地，腳尖上翹仰起，成右正步坐勢的左抱七星狀，重心集於右腳，意在右掌心；眼神從左掌拇指尖上方平遠視。（圖1-6-10）

圖1-6-10

5. 左掌摟膝

右掌打擠，重心逐漸前移，左腳掌落實，成左正步弓勢；兩臂向前舒伸，掌心向下，指尖朝前；同時身隨臂起，右腿鬆力，右腳跟步，與左腳並成自然步，兩腿微屈；兩臂自然下垂，兩掌向下鬆垂，掌心左右遙相對，兩掌虛合，舒伸至左前抱球，球沒抱起來；兩掌鬆垂到體前（正東）抱球，還沒抱起來；再轉腰到右前抱球，球才被抱起來。

球變小了，用右手托球，左手右外側扶球，右手合谷穴找右耳門，左手由球心摸右腋下的極泉穴，而後摸右乳下的期門穴，稍向右摸右肋下的章門穴，再摸右股骨大轉子上的右環跳穴，繼而摸右小腿外側腓骨頭前下方凹陷處的右陽陵泉穴、左小腿外側的左陽陵泉穴。此時用右耳門貼一下右掌合谷穴，右肩背後催左胯，右肘背後催左膝，左陽陵泉推左掌內勞宮穴，左腳橫開，左掌虛按至左小腿左側，左腳跟著地，重心在右腳，意在右掌心；視線隨左掌食指尖轉向左前下方看。（圖1-6-11）

圖1-6-11

圖1-6-12

6. 右掌前按

左腳跟由虛著地逐漸落實，右肩合左胯，左腳心落實，右肘合左膝，左腳掌落實，右手合左腳，左腳尖自大趾至小趾依次落實；同時，右掌自右耳門以無名指引導向前穿針引線，以中指引導立腕，以食指第一道橫紋為基準旋腕，使拇指尖與食指第一橫紋在一個水平線上，虎口向上，右拇指尖遙對左鼻孔，腕與肩平；左腳完全落實，重心前移，右腳跟微向外碾轉，腳尖朝正東，成左正步弓勢；左勞宮後拉左環跳，左掌鬆垂到左胯外側，虎口斜朝前右方，重心集於左腳，意在左掌心；視線經右掌拇指尖上方平遠看。（圖1-6-12）

7. 右掌摟膝

鬆右肩、右肘、右腕，右臂向前舒伸，掌指向前，掌心向下；身隨臂起，右腳跟步，與左腳並成自然步；沉右肩、垂右肘，兩腿屈膝下蹲，同時兩臂隨右轉腰向右側鬆

垂抱球。以下動作與本式動
作5左掌摟膝相同，只是左
右肢互換。

8. 左掌前按

與本式動作2右掌前按
相同，只是左右肢互換。

9. 左掌摟膝

圖1-7-1

與本式動作5左掌摟膝完全相同。

10. 右掌前按

與本式動作2右掌前按完全相同。

11. 右掌回捋

與本式動作3右掌回捋完全相同。

12. 左掌前掤

與本式動作4左掌前掤完全相同。

第七式　手揮琵琶

本式共2動

1. 右掌下採

繼左抱七星。兩掌陰陽掌互換，右掌心翻轉向上；意
念右掌托左腳心，左腳落平，但重心不動，還在右腳（圖

圖1-7-2

圖1-7-3

1-7-1）。右手插入太極球的中心，沿外弧線向右後撥至
體右前上方（圖1-7-2）變掌心向下，然後右掌下沉，採
到體右肋側，再把球推向東北（左前方），左掌心翻轉向
上隨動，至左胸前；身體重心前移至左腳，成左正步弓
勢，意在左掌掌心；視線隨左掌食指尖平遠看。

2. 左掌上掤

左掌心斜向上，意想左掌拇指、食指、中指、無名
指、小指指肚托天，左掌自左胸前以食指引導向左前上方
舒伸，到左手中指與頭維穴平，右掌隨動到左臂彎內斜下
方；掌領身起，右腳虛隨，跟步至左腳內側，成自然步，
立身，頭頂懸；移身體重心到右腳；同時沉右肩、墜右
肘，右掌向後下沉採到腹前，右脈門與肚臍平，掌心向
下，指尖朝左，微左轉腰，右手到右掌拇指對右肋下帶脈
穴，左掌向左微移，重心在右腳，意在右掌心；眼神順左
掌食指方向朝左斜上方看。（圖1-7-3）

第八式　上步搬攔捶

本式共4動。

1. 左掌下合

右轉腰。右掌自小指至拇指依次屈指握拳，拳眼向上，鬆左肩、沉左肘、鬆左腕，左掌向右拳眼虛按合，掌心向下，掌指朝右；同時隨腰右轉

圖1-8-1

和左掌下按屈膝下蹲，沉右肩，墜右肘，右肩背後催左胯、鬆左腳，向左前方上步，腳跟虛著地，成右正步坐勢，重心在右腳，意在右拳面；視線隨左掌食指尖動。（圖1-8-1）

2. 左掌前搬

重心在右腳，意在右拳，左掌隨右拳前搬；左掌以食指引導，自體右前側走外弧線，經東南、正東至東北（左前十六分之一處）；左腳落平，弓左膝，重心前移成左正步弓勢；在左掌走外弧的同時，意念想右拳拳眼，其順序自商陽、二間、三間至合谷、少商、中商、老商，沿順時針回繞，重心在左腳，意在左掌心；視線隨左掌食指動。（圖1-8-2）

3. 左掌回捋

收腹鬆腰，重心漸移向右腳，左掌捋到左前十六分之

圖1-8-2

圖1-8-3

一後，腰微左轉，意想左肩背找右胯、左肘找右膝、左手找右腳；以左掌食指為引導，走外弧線向左後回捋，要摸左環跳穴，同時右拳心轉向上，自東北生門向西南死門回撤（稱為生拉死拽）；右拳回撤時意念自少商開始，走逆時針方向：少商、合谷、三間、二間、商陽。以右手後谿穴對準帶脈，拳心向上，右大拇指逆時針抹一下，沉右肩、墜右肘，拳眼向上，拳心轉向左，成立拳，意想右肘少海紮地，叫千斤墜，同時左掌自左環跳走內弧線向上，掌心向右，成立掌，左掌拇指對鼻尖；重心集於右腳，左腳跟著地，腳尖仰起，成右正步坐勢，重心在右腳，意在右拳面；視線自左掌拇指尖上方平遠看。（圖1-8-3）

4. 右拳前捶

左腳跟落實；右肩找左胯，左腳心落實；右肘合左膝，左腳掌落實；右手找左腳，左腳自大趾至小趾依次落實；左掌找右臂曲池穴，同時弓左膝，將右拳送出，以右

圖1-8-4

臂舒直為度。右拳食指中節（第二節）遙對胸口，拳眼向上，左掌扶於右前臂內側，重心前移於左腳，氣衝穴壓左腹股溝，成左正步弓勢，重心在左腳，意在左掌心、右小腿肚之承山穴；眼神經右拳上方平遠看。（圖1-8-4）

第九式　如封似閉

本式共2動。

1. 抽拳分掌

左掌從右前臂下側穿出，指尖向上，掌心朝右，向右肩處後撤，翻轉左掌，變左掌心朝裏貼於右臂外側，腰微右轉，左掌有摸右肩之意，右肩不讓摸，身體左轉，右肩向左躲開左掌；左手如同托一個燒紅的煤球，火燒火燎地離開右肩，腰右轉，右肩向右急躲左手，身體轉向正前（正東）；右拳隨之後撤，當與左掌拉齊時，右拳變掌，兩臂交叉成斜十字狀，隨即邊後移重心，兩掌邊左右分開

圖1-9-1

圖1-9-2

（圖1-9-1），兩掌心向後，指尖向上，寬與肩齊，與耳尖同高，兩肩鬆力，兩肘下垂，意想右肘帶著兩掌向後摟空氣至兩耳門前（圖1-9-2）；同時屈右膝，重心漸後移成右正步坐勢。重心在右腳，意在右掌心；視線向正前平遠看。

2. 兩掌前按

兩掌以小指為引導，掌心逐漸裏轉，使兩掌心相對，拇指、食指、中指遙遙相合，套在兩眉之間的祖竅穴上，然後向前按撲。意想右手小指到拇指依次按地，重心轉到左腳時，再想左手拇指到小指依次按地；兩掌向前按撲到極度，掌心斜朝外，指尖斜向上，臂微彎曲，腕與肩平，稱為「惡虎撲食」；同時，左腳落平，重心前移成左正步弓勢，重心在左腳，意在左掌心；視線由兩掌中間向前平遠看。（圖1-9-3、圖1-9-4）

圖1-9-3

圖1-9-4

第十式　抱虎歸山

本式共4動。

1. 兩掌前伸

圖1-10-1

　　兩腕鬆力，兩掌心向前下按到與膝平，隨之指尖向前舒伸（如用擀麵杖擀烙餅），掌心高與膝平；上身前俯，左膝尖與大敦穴成垂直線，氣衝穴壓腹股溝，重心完全集於左腳，意在左掌心；眼由兩掌中間向前下看，但視而不見，而用祖竅穴（印堂）下送。（圖1-10-1）

2. 兩掌展開

　　兩掌下按前伸後，意在左掌心向後扒，向右轉腰，眼

圖1-10-2　　　　　　圖1-10-3

觀八方線，往遠處看；右手追眼神，右掌以食指為引導向右外移動四分之一（正南）時，步隨身換，右腳以腳尖為軸，腳跟虛起內旋，腳尖朝南；當右掌繼續舒伸到正西時，左腳跟外展，腳尖轉朝南，身隨步轉，面自東轉向南，同時右膝前弓，重心移於右腳，成右正步弓勢；當右掌向右前方移動時左掌心向左展開，兩掌心均向下，兩臂舒直，均與肩平，重心在右腳，意在右掌心；視線隨右掌食指尖動。（圖1-10-2）

3. 兩掌上掤

沉肩墜肘，右掌以拇指引導，想拇指肚、食指肚、中指肚托天，右手漸向上翻轉，左掌從動，至掌心朝天，此為抱虎歸山（圖1-10-3）。繼而兩掌向上舒伸，身隨掌起，左腳收到右腳旁，虛著地，成自然步；右掌上伸時左掌隨動，兩掌同時到正前上方，腕部交叉，左掌在外，右掌在內，掌心均向兩側，指尖向上，意想兩掌食指尖上各

圖1-10-4

圖1-10-5

頂一個旋轉著的球（圖1-10-4），重心集於右腳，意在兩掌食指指尖；眼神由兩掌交叉中間向前上方遠看。

4. 兩肘下垂

鬆踝、提膝、鬆腰、鬆胯、屈膝蹲身；兩肩鬆沉，兩肘下垂，兩前臂微向前舒伸，腕與肩平為度，指尖向上，兩掌心朝兩側，重心平分於兩腿，意在兩掌指尖；眼神由交叉的兩掌中間平遠看。（圖1-10-5）

第十一式　左右斜步摟膝

本式共4動。

1. 左掌摟膝

沉肩墜肘，鬆腰鬆胯，微屈膝下蹲；兩掌下落，至胸前時分別走下弧線，將兩球分開，從體前下落至股骨兩側，掌心朝外；然後左轉體，身體重心左移；兩臂隨體左

圖1-11-1

圖1-11-2

轉兩掌心相對，使兩球合一球，先左前抱球，右轉腰至正前抱球、右前抱球（圖1-11-1）；

重心移至右腳，兩腿直立；右手托球，左手在前右側扶球（圖1-11-2），右手合谷找右耳門，左掌推球找右腋下的極泉穴，找期門穴、章門穴、右環跳，下找

圖1-11-3

右陽陵泉、左陽陵泉；然後左手扶左膝，同時左腿舒伸，向左前八分之一處（東南方）上隅步，腳跟著地，成右隅步坐勢，重心在右腳，意在右掌心；視線隨左掌食指尖向左前下方看。（圖1-11-3）

圖1-11-4

圖1-11-5

2. 右掌斜劈

又叫「懶羊抬頭」。意想右肩找左胯、右肘找左膝、右手找左腳；右掌以小指引導向左前八分之一處（東南方）立掌（微半陰半陽）劈下，右掌心向外（東北方），虎口朝上，拇指遙對鼻尖，左掌隨重心前移找左環跳，鬆垂於左胯旁，掌心向下，虎口向右前方；在右掌斜劈的同時，左腳尖逐漸由東南向正南落平，弓左膝成左隅步弓勢，重心前移於左腳，意在左掌掌心；眼神經右掌拇指尖上方平遠看。（圖1-11-4）

3. 右掌摟膝

鬆右腕、右肘、右肩，掌心轉向下，右臂向下鬆垂，以小指引導向右後方走外弧線，先摸左膝，右轉體，托球到右膝，左掌隨；收右腳跟，右腳尖轉向正西，弓右膝，左腳跟隨之外展，此時兩腳尖均朝正西，成右正步弓勢（圖1-11-5）；腰微左轉，兩掌由右轉向左，然後沉肩墜

圖1-11-6

圖1-11-7

肘，以合谷穴為引導將兩臂引起到胸前；左腳跟步到右腳內側，成自然步，身體直立。（圖1-11-6）

鬆踝提膝，鬆腰鬆胯，沉肩墜肘，兩腿屈膝下蹲；右轉腰，兩臂隨體右轉向體右側鬆垂，兩掌心相對；重心在右腳，先於右前抱球，左轉腰至正前抱球、左前抱

圖1-11-8

球（圖1-11-7）；身體重心移到左腳，兩腿直立；左手扶球，右手托球，左手合谷找左耳門，右手推球找左極泉穴、左乳下的期門穴、左肋下的章門穴、左環跳，下找左陽陵泉，右轉腰摸右陽陵泉，然後扶右膝；同時右腿鬆力，向右前八分之一處（西北方）上隅步，腳跟著地，成左隅步坐勢（圖1-11-8），重心在左腳，意在左掌心；視

線隨右掌食指尖向右前下方看。

4. 左掌斜劈

又叫「懶羊抬頭」。左掌以小指引導，向右前八分之一處（西北方）立掌（微半陰半陽）劈下，掌心向東北，虎口朝上，拇指遙對鼻尖，右掌隨重心前移找右環

圖1-11-9

跳，鬆垂於右胯旁，掌心向下，虎口向左前方；在左掌斜劈的同時，右腳尖逐漸由西北向正西落平，弓右膝成右隅步弓勢，重心前移至右腳，意在右掌心；眼神經左掌拇指尖上方平遠視。（圖1-11-9）

第十二式　隅步攬雀尾（2）

本式又稱「十六肘拜八門」，共6動。

1. 左掌翻轉

收腹鬆腰，身體右轉，重心後移於左腳，成左隅步坐勢，右腳跟虛起，腳尖著地；同時，左掌以小指引導，掌心翻轉向上，掩左肘，左曲池穴外找左少海穴，指尖朝西北，少海再找膻中穴（此為掩肘）；順時針左轉腰，左隅步坐勢成左側弓步；同時右肘鬆力，隨左轉腰，右掌以大陵穴向左上虛提，左找左曲池穴，右掌移至左臂彎上方，掌心向下，重心在左腳，意在左掌掌心；眼神隨右掌食指尖

圖1-12-1

圖1-12-2

動。（圖1-12-1）

2. 右掌前将

腰微左轉，右掌自左臂
彎上方向左沿左前臂外緣穿
至左肩井後向左前方走外弧
線，隨腰右轉向右後平将；
同時，重心漸移於右腳，成
右隅步弓勢；右掌從正南用
眼神帶至正北，由正北再回

圖1-12-3

将至西北，腕與肩平，掌心仍向下，左掌指尖附於右臂彎
處，掌心朝上，指尖向右，重心在右腳，意在右掌心；眼
神經右掌食指尖平遠看。（圖1-12-2、圖1-12-3）

3. 右掌回将

右臂舒直，右手與兩腳成一直線（兩腳心與右掌心成

圖1-12-4　　　　　　　　　圖1-12-5

垂直立面），腕與肩平；右後轉腰，繼而身向左後坐，重心移至左腳，右腳尖點地，右腳跟虛起，成左隅步坐勢；同時，右肘鬆力，右掌外勞宮找右肩井穴，右肩井再找一下外勞宮穴，右肘尖穴指向東南杜門，打一陽肘，掌心向下，左掌隨動到右胸前，掌心向上，重心在左腳，意在左掌心；視線自右肘尖向後看。（圖1-12-4）

　　隨之腰微左轉，用左手內勞宮找左肩井穴，打一陰肘，左肘尖仍撞向東南杜門，左掌心向上，右掌隨左轉腰移至右胯側，掌心向下，此時仍為左隅步坐勢，重心仍在左腳，意在左掌心；視線通過左肘尖（三點成一線）看遠處杜門。（圖1-12-5）

　　然後再左轉腰，後坐體重，重心移至右腳，成右側弓步；同時，左掌心翻轉朝外，左合谷穴找左絲竹空穴（眉梢斜上一點），再打一遮陰肘，左肘尖還撞向杜門，掌心朝外，右掌隨左轉腰移至右腹前，掌心朝下，重心在右腳，意在右掌指；視線自左掌食指平遠看。（圖1-12-6）

圖1-12-6

圖1-12-7

右掌變為劍指，掌心向
下，從左肘下朝東南隅呈螺
旋線向外旋轉舒伸，掌心翻
轉向上，劍指向左（東南
隅）；同時身體重心左移，
成左側弓步，此為肘底槍，
重心在左腳，意在左掌心；
視線隨右手劍指。（圖1-
12-7）

圖1-12-8

進而右掌展開，掌心朝
下，中節勾回；同時右轉腰，微回拽；左掌自左絲竹空向
下微碾轉，掌心斜向上；左側弓步變為馬步，稱拉馬式，
重心在右腳，意在右掌指；視線由左掌食指尖上方平遠
看。（圖1-12-8）

右掌變拳，拳心向下，左肘尖落在右拳背上，以右拳
背為支點，左掌變拳向外撇出，拳心向上；同時，踏右

圖1-12-9

圖1-12-10

腳，仍為馬步，稱為肘開
花，重心在右腳，意在右拳
心；視線由左拳中指中節上
方平遠看。（圖1-12-9）

　　左拳變掌，左掌內勞宮
穴合右肩井穴，同時馬步變
為左側弓步；右拳以肘為
軸，向西北隅斜上方撇出，
拳心向上，與眼同高，稱
「翻天印」；重心在左腳，

圖1-12-11

意在左掌心，視線由右拳中指中節上方向西北平遠看。
（圖1-12-10、圖1-12-11）

　　收右拳，墜右肘；左側弓步變成右隅步弓勢；同時右
拳變掌，掌心斜向上，指尖朝西北，隨右弓步向西北斜上
方穿掌，左掌由右肩井穴移到右臂彎內側隨動，此式可稱
白蛇吐信，重心在右腳，意在右掌心；視線自右掌食指尖

圖1-12-12

圖1-12-13

上方平遠視。（圖1-12-12）

　　左轉腰，以右腳跟為軸，右腳掌向裏扣，左腳以腳跟為軸，左腳掌向外擺，兩腳尖朝南，重心左移，左膝前弓；同時，沉右肩，墜右肘，鬆右腕，右掌向左下鬆垂，右掌中指中衝穴回找左掌大陵穴，同時左掌由右曲池至右脈門，右掌向東南斜下方掖掌反按，掖向對方右髖骨內上緣2寸的血海穴，左掌再由右脈門回捋至右曲池；此時已由右隅步弓勢變為左隅步弓勢，重心在左腳，意在左掌心，視線隨右掌食指尖向東南斜下方看。（圖1-12-13）

　　以上稱「十六肘」。

4. 右掌前掤

　　視線自東南斜下方隨抬頭逐漸向前平遠視，自左至右，眼觀八方線（亦稱八門），手追眼神（圖1- 12-14）；右掌向東南杜門虛起，與肩同高，掌心朝天，左掌輕扶右脈門；右轉腰，右掌向右前掤，向右追眼神，由東

圖1-12-14

圖1-12-15

南杜門經正南景門、西南死門，到正西驚門；同時，扣左腳尖，收右腳跟，重心逐漸由左腳集於右腳，由左隅步弓勢變為右隅步弓勢，重心在右腳，意在右掌心；視線從右掌食指尖向前平遠看。（圖1-12-15）

5. 右掌後掤

沉右肩，墜右肘，右腕鬆力，右掌隨右後轉腰繼續沿外弧線向右後方掤，左掌扶於右脈門處隨之，右掌自正西的驚門經西北的開門、正北的休門、東北的生門、正東的傷門，再回到東南的杜門；身體重心逐漸後移到左腳；當右掌掤到右耳後側，掌心向上，指尖向右斜後方；右眼與拇指及中指成一直線，指尖與眼平，此時重心集於左腳；意想左肩由身前找右胯，自動沉右肩、墜右肘，右腳尖翹起，右隅步弓勢變為左隅步坐勢，重心在左腳，意在左掌心；視線經右掌食指尖平遠看。此為「拜八門」。（圖1-12-16）

圖1-12-16

圖1-12-17

6. 右掌前按

　　收腹，鬆腰鬆胯，左轉腰；左掌粘著右腕隨腰左轉，右掌拇指找右地倉穴，腰繼續左轉，右掌拇指找左地倉穴（體現右肩與左胯合，右肘與左膝合，右手與左腳合）；身體轉向西南，同時右腳尖左扣，亦朝向西南，左腳尖向西，重心仍在左腳，意念左胯背後催右肩；右掌推空氣向左前（東南隅）按掌；身體重心後移至右腳，左腳尖著地，腳跟虛起；然後右轉腰，右掌向右後旋腕，使右掌轉向西北開門；同時左腳跟裏收，與右腳成丁虛步；左手指一直貼在右脈門處隨動，重心在右腳，意在右掌掌心；視線隨右掌食指尖平遠看。（圖1-12-17）

第十三式　斜單鞭

　　本式共2動。

圖1-13-1　　　　　　　　　圖1-13-2

1. 右掌變鈎

動作與第三式斜單鞭動作1相同，只是此式面向西南死門，背倚東北生門，向西北探掌、東南撤步。意在探掌為主動，撤步為從動，下隨上。（圖1-13-1）

2. 左掌平按

動作與第三式斜單鞭動作2相同，只是此式面向西南死門，意想背倚東北生門，要低眉垂目。（圖1-13-2）

第十四式　肘底看捶

本式共2動。

1. 右腕前伸

左腕鬆力，左掌向左前（東南隅）微伸，同時弓左膝，繼而左掌中指及拇指相互一合，再弓右膝，右鈎腕打

圖1-14-1

（向右外舒伸）；此時左腿舒直，由左側弓步變為右側弓
步（體現自左至右節節貫穿的梢、中、根，根、中、梢的
順序），腰左轉，同時左腳跟裏收；右鉤手以右腕為引
導，向右前鬆移，自西北開門走外上弧線向右前舒伸到正
西驚門，腰隨腕轉，面向東南，同時左掌自東南杜門沿左
外下弧線向左後舒伸，轉掌心向左，左掌指尖轉向正東傷
門；這時身體重心漸移到左腳，左腳以腳跟為軸外擺，使
腳尖朝正東；意亦轉到左腕，左腕鬆力，左掌繼續沿左外
下弧線向左後舒伸；當左掌轉到東北生門時，面朝正東；
重心移到左腳，左膝前弓，右腳向右橫移，腳尖虛著地，
並逐漸落平；同時，右手虛鉤，以右腕引導，自正西驚門
沿右外上弧移動到西南死門，在右鉤向前上運動的同時，
左掌漸向後下捋，漸成鉤，到達正西驚門時位於左側背
後，鉤尖向上，而右鉤移至正東傷門，右腕遙對鼻尖，鉤
尖向下；重心集於左腳，成左正步弓勢，重心在左腳，意
在後左鉤；視線經右腕向前平遠看。（圖1-14-1）

2. 提肘進捶

圖1-14-2

　　右膝鬆屈，向後收腰，體重後坐，左正步弓勢漸變為右正步坐勢，左腳尖翹起；左肩鬆沉、提肘，左鉤漸變為拳，拳心翻轉向上，由左肋下向前斜上方、經右臂彎處向斜前上方伸出（拳從口出，擊對方下頜），以食指中節遙對鼻尖，拳心朝內，同時右鉤變拳，向下沉採對方手腕，當兩拳相交時，沉右肘，右拳向下鬆垂，右拳眼向上，沉到左肘下，與左肘相距約一拳（10公分）；此時鬆腰、沉胯、收小腹，命門吸肚臍，使左肘落於右拳眼上，意想右肘少海入地三尺，重心集於右腳，意在右肘尖；視線經左拳食指中節上方向前平遠看。（圖1-14-2）

第十五式　倒攆猴

　　本式共10動，連做5個「倒攆猴」。

1. 兩拳變掌

　　重心微下沉，右拳自拇指到小指依次鬆開變掌，指尖朝前，掌心向左，虎口朝前，附於右肘尖下方，同時左拳亦漸變掌，掌心朝上，指尖向前，腕與肩平；重心在右腳（此時仍為右正步坐勢），意在右掌心；視線自左掌食指尖平遠看。（圖1-15-1）

圖1-15-1

圖1-15-2

2. 左掌前按

腰微左轉，右掌心轉朝下，向左摸左膝，隨右轉腰沿內弧線摸右膝，逆時針方向在體右前畫圓，同時左掌以拇指引導內旋，鬆肩、墜肘、提腕，左手合谷穴找左耳門，掌心向下，指尖斜向前；右掌摸左膝時左膝微提、鬆力，使兩陰陵泉相貼，左腳經右腳內踝旁向後撤，以左腿舒直為度，腳掌虛著地，腳跟微外展，腳尖朝正東；同時左掌向前按出，拇指遙對鼻尖，腕與肩平，旋腕，虎口向上，隨之右掌沉落於右胯外側，虎口朝前，掌心向下；左腳逐漸落實，同時鬆胯，成右正步弓勢，重心集於右腳，意在右掌心；視線經左掌拇指向前平遠看。（圖1-15-2）

3. 左掌下按

身體重心在右腳，右掌在右胯側，意想鬆右肩、鬆右肘、鬆右手，右臂向體右後側走下弧線，自下而右後向上

圖1-15-3

圖1-15-4

托球，平肩時翻掌心向上，到與頭維穴同高；眼神自左掌
食指尖前向右後看，隨右掌翻轉而向前擺頭，臉朝正東；
同時鬆腰坐胯，重心後移，成左正步坐勢，右腳尖翹起；
左掌隨之翻轉，掌心向上；右掌托球，球很重，以右手合
谷穴找右耳門，將球拋給左掌，同時鬆左腕、左肘、左
肩，左掌心翻轉向下，按球，使左內勞宮穴摸右膝、摸左
膝，鬆垂於身體左側；此時收右腿，兩陰陵泉相貼，右腳
尖併於左腳內側，虛點地，重心在左腳，意在左掌心；眼
神隨左掌食指尖向左下看。（圖1-15-3）

4. 右掌前按

（探掌撤步）左臂由左體側沿順時針走外弧，自左向
上、向前在體左前畫圓（圖1-15-4）；同時右腿後撤一
步，右腳尖虛著地；右掌以無名指引導向前舒伸，至正前
方時立掌，掌心朝外，指尖向上，拇指對鼻尖，旋腕，虎
口朝上；右腳落平，腳跟外展，左膝前弓成左正步弓勢；

左掌自體左前回按到左胯外側，掌心朝下，虎口朝前，重心在左腳，意在左掌掌心，眼神自右掌拇指尖平遠看。（圖1-15-5）

圖1-15-5

5. 右掌下按

動作同本式動作3左掌下按，但左右肢互換。

6. 左掌前按

動作同本式動作4右掌前按，但左右肢互換。

7. 左掌下按

動作同本式動作3左掌下按。

8. 右掌前按

動作同本式動作4右掌前按。

9. 右掌下按

動作同本式動作5右掌下按。

10. 左掌前按

動作同本式動作6左掌前按。

圖1-16-1

第十六式　斜飛勢

本式共4動。

1. 左掌上掤

左掌以小指引導，掌心向左前斜上方轉十六分之一，掌心斜向左，虎口向前，指尖斜向上，高不過頭，右胯鬆力，右掌心向右後外下沉，轉到右胯外側，虎口朝下，掌心向後，指尖斜向下；腰微向下鬆，重心在右腳，仍為右正步弓勢，意在右掌心；視線隨左掌食指尖向左前斜上方遠看。（圖1-16-1）

2. 左掌下捋

右掌向左前上方迎一下，再回到右胯外（稱「悠肩順臂」），意想右肩合左胯、右肘合左膝、右手合左腳；右掌以拇指為引導，由右胯外側沿上弧線向上、向前舒伸到

圖1-16-2

圖1-16-3

體前左上方，右手腕與頭維穴同高，掌心斜向前，指尖斜向上，同時左掌由左前上方以小指引導，沿外弧線向左下回落，再沿內弧上掤到右腹前，掌心斜向後，指尖斜向上，與右掌斜相對；重心在右腳，仍為右正步弓勢，意在右掌心；視線由右拇指尖向前平遠看。（圖1-16-2）

3. 左腳前伸

左膝鬆力，提左腳，經右腳踝旁向左前八分之一處（東北方）上步，腳跟著地，成右隅步坐勢，重心仍在右腳，意在右掌心；視線不變。（圖1-16-3）

4. 左肩下合

兩肘鬆力，右掌以拇指引導，由頭維穴向左前下方撲按，同時左掌以食指引導，由腹前向左前上斜伸；重心前移，鬆右膝，左腳落平，兩掌掌心在左胸前虛合，弓左膝，兩掌分開，左掌向左前八分之一處上方移動，以腕與肩平為度，指尖與頭維穴等高，掌心斜向上；同時意想左肩合左胯，左肘合左膝，左手合左腳。同側部位合不上，

稱「六衝」。同時右掌向右後下方虛採至右胯外側，以右虎口遙對右踝為止，掌心朝後扒，指尖斜向外；重心移於左腳，左氣衝壓腹股溝，成左隅步弓勢，意在左掌；視線自左食指尖上方平遠看。（圖1-16-4）

圖1-16-4

第十七式　提手上勢

本式共4動。

1. 右抱七星

視線離開左食指尖向右後移動，自東北（生門）經正東（傷門）、東南（杜門）到正南（景門），眼觀八方線；左手追眼神，沿外弧線向正南捋按；身隨臂轉到面朝正南（圖1-17-1），重心移至右腳，左腳尖向右扣八分之一朝東南，體重後坐，右腿鬆力，右腳跟虛起內收，右腳向前舒伸，腳跟著地，腳尖仰起，重心在左腳，成左正步坐勢；右掌以食指引導，斜向左前上掤，掌心逐漸翻轉朝內，拇指遙對鼻尖，左肘鬆力，左掌以食指引導斜向右下採，掌心逐漸翻轉向下，拇指貼於右臂彎處，重心在左腳，意在左掌心；視線由東北方逐漸過渡到正南，自右掌拇指尖上方平遠看。（圖1-17-2）

圖1-17-1

圖1-17-2

2. 左掌打擠

動作與第四式提手上勢動作2相同。

3. 右掌變鈎

動作與第四式提手上勢動作3相同。

4. 右鈎變掌

動作與第四式提手上勢動作4相同。

第十八式 白鶴亮翅

本式共4動。

1. 俯身按掌

動作與第五式白鶴亮翅動作1相同。

2. 左轉翻掌

動作與第五式白鶴亮翅動作2相同。

3. 左掌上掤

動作與第五式白鶴亮翅動作3相同。

4. 兩肘下垂

動作與第五式白鶴亮翅動作4相同。

第十九式　摟膝拗步

本式共2動。

1. 左掌下按

動作與第六式摟膝拗步動作1相同。

2. 右掌前按

動作與第六式摟膝拗步動作2相同。

第二十式　海底針

本式共2動。

1. 右掌前指

右腕鬆力，右陽掌變成不陰不陽掌（立掌），右掌指尖向前舒伸，掌心朝左，腕與肩平，同時鬆左腕，掌心翻轉朝內，指尖朝下；仍為左正步弓勢，重心在左腳，意在

圖1-20-1

圖1-20-2

左掌心；視線自右掌拇指尖上向前平遠看。（圖1-20-1）

2. 右掌下指

鬆腰，右腕鬆力，用意念想右手列缺穴微上提，右手自小指到拇指尖依次向下走弧線下指，指尖下垂，同時左手上提，扶摸右臂曲池穴後向少海穴下方沉採，使右臂垂直向下，掌心向左，左臂落至右臂彎內側，掌心朝內，指尖向右；同時豎腰立頂，重心後移右腳，右腿微屈，左膝鬆力，左腳跟收到右腳旁（兩腳尖齊平），兩腳尖間隔為一順腳寬，重心移至左腳，微立身，重心再移至右腳，意在右掌掌心；眼神向前平遠看。（圖1-20-2）

第二十一式 扇通臂

本式共2動。

圖1-21-1

圖1-21-2

1. 兩掌前伸

鬆踝提膝，鬆腰鬆胯，兩腿屈膝下蹲；右掌指尖下指，意想入地三尺，右臂如犁耕地，向東豁出一道無限遠的深溝（圖1-21-1），右掌以食指尖引導向東舒伸，以腕與頭維同高為度，掌心朝左，指尖朝東；身隨臂起；左掌自右臂彎處移至前臂下，掌心轉向上，順右臂下面向前伸出，同時右掌心漸轉向下（不向後撤），與左掌心上下相對、虛合，如抱一球，球大小根據個人中氣強弱而定；重心在右腳，左腳尖虛點地，意在右掌掌心；視線隨右掌食指尖向前平遠看。（圖1-21-2）

2. 左掌前按

沉右肩，墜右肘，右肩後紮，左胯自動前鬆，右肘少海向後（正西）頂，左膝自動前提，右掌心朝下，向後拉；左腳自動向前（正東）舒伸，左腳跟虛著地；左掌心

圖1-21-3

圖1-21-4

朝上，隨動，微前伸；成右正步坐勢（圖1-21-3）；腰右轉，右掌向左（外）旋，翻掌心向南，指尖朝東，左掌心隨轉向南，指尖斜向上；左腳尖向右扣四分之一落平，腳尖向南，重心移至左腳；兩掌分開，左掌以食指尖引導向左前八分之一處（東南方）按出，掌心朝外，指尖朝上，腕與肩平，右掌以食指引導，向右後上方掤起，右臂彎曲，掌心翻轉斜向上，右掌食指指北，右掌托天；同時鬆腰鬆胯，屈膝下蹲，右腳跟內收四分之一，成馬步，重心下沉在兩腿，適當調整右腳，意在右掌心；視線從左掌食指平遠看。（圖1-21-4）

　　在內含上，腰為扇軸，掌為扇股，左掌為前推，右掌為上托，成馬步時要鬆腰、鬆胯、屈膝、下蹲，叫做推、托、坐，三者要同時完成。

第二十二式　撇身捶

　　本式共2動。

圖1-22-1

圖1-22-2

1. 左掌右掤

左掌以食指引導，向右
上方走上弧線，左虎口下叉
至右肩井穴；蹬右腳成左側
弓步（圖1-22-1）；隨之
右掌以食指引導，向左上方
走上弧線，右虎口下叉左肩
井穴，蹬左腳成右側弓步
（圖1-22-2）；後收小

圖1-22-3

腹，兩肘向前上方絜（稱雙獻肘），成馬步（圖1-
22-3）；右轉腰，重心右移，扣左腳尖，面朝西南，重心
移左腳，右腳跟內收，腳尖虛著地；同時右掌變拳，左掌
自右肩井穴沿上臂前移，向右掤，合於右拳眼上，掌心向
下，指尖斜朝上；重心在左腳，意在左掌心；視線由左食
指尖上方平遠視。（圖1-22-4）

圖1-22-4　　　　　　　　圖1-22-5

2. 右肘下採

重心仍在左腳，右腿鬆力，提膝，右腳回收，併於左腳內側；右腳落平，重心移於右腳；同時右肘下採，右拳拳眼向上，左掌仍扶在右拳眼上，隨右肘下採而落至右膝右側；同時兩腿屈膝下蹲，重心集於右腳，意在右拳面；視線由左掌食指尖移向正前（正西）平遠看。（圖1-22-5）

第二十三式　卸步搬攔捶

本式共4動。

1. 左掌前掤

重心由右腳移至左腳，沉左肩墜左肘，左肩自背後催右胯，右腳上步，腳跟虛著地；右拳拳眼向上，在左掌之下，左掌以小指引導，向右前（西北）走外弧線至正西，

圖1-23-1　　　　　　　　圖1-23-2

右腳落平，此時逐漸弓右膝成右正步弓勢（意念在右拳眼，自商陽、二間、三間，經合谷、少商、中商到老商穴，沿順時針走一周），重心在右腳，意在右拳面；視線隨左掌食指尖向前平遠看。（圖1-23-1）

2. 左掌左掤（搬）

左轉腰，手隨身動，右拳在左掌下向左走外弧線，向左掤（意念接上動左掌前掤的意念），到體左前十六分之一時，重心移左腿，隨之右拳在左掌下微向裏收至左胸前；右腳尖翹起，成左正步坐勢，重心在左腳，意在左掌心；視線隨左掌食指尖平遠看。（圖1-23-2）

3. 左掌回捋（攔）

沉左肩、墜左肘，兩手自左胸向體左前十六分之一處（西南）方向舒伸；同時右膝鬆力，右腳向後（東北隅）撤，右腳掌著地（左掌撫右拳眼，向西南隅探出為主動，

圖1-23-3

圖1-23-4

右腳向東北隅後撤為從動，這叫上下相隨，下隨上）（圖1-23-3）；重心逐漸後移，向後坐身，左腳尖仰起，成右正步坐勢；同時隨身右轉、後移重心，兩手分開，左掌沿左外弧線找左環跳（回捋到左胯時，左腳尖仰起），自左環跳沿內弧往右移動到正前方再向上舒伸，使拇指遙對鼻尖，掌心朝右，腕與肩平，同時右拳自左前十六分之一處往右後下方回撤到帶脈（右胯上部），拳心向上（右拳回撤時，意念自老商穴開始經中商、少商、合谷、三間、二間，到商陽，沿逆時針方向走一周），右拇指逆時針抹一下，再沉右肩、墜右肘，變為拳眼向上，拳心向左，成立拳，稱千斤墜，重心在右腳，意在右拳；眼神經左食指尖平遠看。（圖1-23-4）

4. 右拳前伸（捶）

動作與第八式上步搬攔捶動作4相同，唯方向相反。（圖1-23-5）

圖1-23-5

圖1-24-1

第二十四式　上步攬雀尾（3）

又稱「一陰一陽掌」，本式共6動。

1. 右拳鬆轉

腰微左轉，右拳向左前上方十六分之一處舒伸，拳心翻轉向上（拳高不過鼻），左掌食指尖虛貼右脈門處，掌心朝下；繼之沉左肩，墜左肘，尾閭對左腳跟，右膝及腰部鬆力，右腳完全變虛，向前上步，腳跟虛著地，成左正步坐勢，重心在左腳，意在左掌心；視線隨右拳食指中節向前平視。（圖1-24-1）

2. 右拳變掌

以右列缺穴為引導，右拳向前、向右伸展，意想右手拇指蓋貼地，右食指蓋、中指蓋、無名指蓋、小指蓋依次貼地，右拳漸變掌，掌心向上；同時右腳落平，左正步坐

圖1-24-2

圖1-24-3

勢變為右正步弓勢；右掌指尖向前（正西），右掌為一陰掌，左掌仍扶在右脈門處隨動，掌心朝下。（圖1-24-2）

　　以右掌後谿穴為引導向內旋轉，自右掌小指肚至拇指肚依次按地，此時右掌心已翻轉朝下，右掌為一陽掌，左掌仍扶在右脈門處隨動，掌心朝上；重心在左腳，意在右掌心；視線隨右掌食指尖向前平遠看。（圖1-24-3）

　　左腿鬆膝，收腹，豎腰立頂，用尾閭將兩掌拉至腹前；同時右臂外旋上提，向體前上掤，右掌翻轉掌心向裏，右掌指尖斜向上，拇指遙對左鼻孔，左掌仍扶在右脈門處隨動，掌心向前，指尖向上；當將兩掌拉回時尾閭左後下坐，重心移到左腿，變為左正步坐勢，右腳尖揚起，成右抱七星狀；繼而右腕橫落於胸前，右掌小指尖與右肘橫平為度，掌心向內，指尖向左，左掌掌心自右脈門處打擠，掌心朝外，指尖向上，左食指尖遙對鼻尖；同時鬆腰鬆胯，右膝前弓，右腳落平，左腿舒直，成右正步弓勢，

圖1-24-4

圖1-24-5

重心在右腳，意在右掌心；視線從左食指尖上向前平遠看。（圖1-24-4）

3. 右掌回捋

右掌以小指引導，自拇指至小指指蓋依次托天，右掌向右前方（西北開門）舒伸，放出一尺二，掌心翻轉向下，右腕與肩平，左掌以中指扶於右脈門處隨動，掌心翻轉向上。此時兩腳心與右掌心成一垂直立面（圖1-24-5）。

繼而身向後坐，重心漸移左腳；同時右肘鬆力，右掌循右腳外側上方弧形線，向右後下方成斜坡回捋，左掌中指仍扶於右脈門處隨之，右肘尖貼近右肋下時，右肘尖向右後下方鬆垂，與右肩垂直；腰向左後下方鬆力，左胯亦向左後下方（東南）鬆沉；右肘隨腰往後移，前臂鬆力，左掌由右脈門向裏向上旋托右腕，右掌心翻轉向上，左掌心隨轉向下；同時右掌托右腳心，右腳尖仰起，重心在左腳，意在左掌心；視線始終隨右掌食指尖動。

圖1-24-6

右掌回捋時意想小指扣地、無名指扣地、中指扣地，食指畫眉毛，拇指撣塵，右肩背後找左胯，重心移至左腳；左肩由體前找右胯，右肘尖向東北紮；左胯向左後下鬆力，右肘隨腰胯往右後移；左肩背後找右胯，左肘背後找右膝，右腳尖仰起，右掌心翻轉向上。

4. 右掌前掤

右掌心翻轉向上後，左轉腰，右肩體前找左胯，右掌以食指引導，想托小腹、托左肩，循內弧線向左前上方舒伸；意想左掌心沾著右脈門拉動右肘尖找右陽陵泉、委中、右陰陵泉、左陰陵泉、左犢鼻、左陽陵泉各穴，至左腳尖上方時，右腳落平；重心仍在左腳，意想左掌小指肚、無名指肚、中指肚、食指肚、拇指肚依次按地；同時，弓右膝成右正步弓勢；意想右掌拇指、食指、中指、無名指、小指蓋依次貼地（圖1-24-6）；右掌繼續轉至右前方與兩腳成一線（三者在一個垂直面上），右臂舒直，

腕與肩平，掌心朝上，左掌心扶於右脈門處，掌心朝下；重心在右腳，意在右掌心；視線隨右掌食指尖向前平遠看。

5. 右掌後掤

意想右掌小指肚、無名指肚、中指肚、食指肚、拇指肚依次托天，沉右肩、墜

圖1-24-7

右肘，右腕鬆力，右掌繼續沿外弧線向右後方掤，左掌扶右脈門處隨之；重心逐漸後移至左腿；右掌轉到右耳後側，掌心斜向上，指尖向右斜後方，右眼與右手拇指及中指成一直線，指尖與眼平，意想左肩找右胯，沉右肩墜右肘；此時右正步弓勢變為左正步坐勢，右腳尖翹起，重心在左腳，意在左掌心；視線經右掌食指尖平遠看。

6. 右掌前按

動作與第十二式隅步攬雀尾動作6相同。（圖1-24- 7）

第二十五式　單　鞭

本式共2動。

1. 右掌變鈎

動作與第三式斜單鞭動作1相同，唯左腳方向不同。當右掌向右前探掌時，左腳向正東撤步，腳尖內側虛著

圖1-25-1

圖1-25-2

地，腳跟虛起。（圖1-25-1）

2. 左掌平按

動作與第三式斜單鞭動作2相同，只是胸向正南，左右腳尖在東西方向的同一橫線上，皆朝南。（圖1-25-2）

第二十六式　雲手（180°）

本式共6動。

1. 左掌下捋

左掌鬆力，微左舒伸；眼神自左食指尖前上方沿下弧線經左、右膝注視右腕；左手鬆腕、鬆肘、鬆肩追眼神，左掌以食指引導向右下方移動，掌心向右，指尖朝下，左掌沿下弧線向右摸左膝，摸膝膝躲，繼而摸右膝，摸膝膝迎；重心漸移至右腳；鬆右肩、鬆右肘、鬆右腕，右鈎變掌，右掌以食指引導，走外弧形向右方伸展，掌心朝下，

圖1-26-1

指尖朝右，腕與肩平；重心集中於右腳，成右側弓步，意在右掌心；視線由左掌食指尖逐漸平移到由右掌食指尖平遠看。（圖1-26-1）

2. 左掌平按

腰右後轉，右掌自體右側向體右後側移動，成立掌，鬆垂下落到右腿外側，掌心向左，指尖朝下，同時左掌以食指引導，自右膝前向右上方移到右臂彎處，要摸右肘少海穴，右肘不讓摸，左掌心要摸右極泉穴，極泉穴也不讓摸，左掌以食指引導自右極泉向右上方移動，掌心向內，指尖斜向上；左轉腰，右掌自右腿外側走下弧線，掌心向左，指尖向下，往左摸右膝，右膝躲；同時左掌移動到右前方（西南死門）八分之一處，再沿上弧線往左平按，掌心向內，指尖朝上，此時意想拉開左雲門穴，身隨掌起，微立身，隨腰左轉，右掌繼續左移到小腹前下方，掌心向左，指尖朝下，同時左掌繼續向左平按，左掌移到體正前

圖1-26-2

圖1-26-3

（正南景門），掌心向右，指尖朝上，拇指與眼同高，遙對印堂穴；左腳落平，成馬步，重心平分於兩腿，意想「三田」合一（圖1-26-2）。

左掌以小指引導，沿外弧線旋轉、平按，掌心漸轉向外，指尖向上，此時拉開右雲門穴，左掌繼續左移，平按到左前方（東南杜門）八分之一處；同時右掌左移摸左膝，左膝迎；屈左膝，重心移於左腳；左掌由體左前成立掌，鬆垂下落到體左側，掌心朝右，指尖朝下；左掌由體左側往左（正東傷門）舒伸、上掤，掌心向下，指尖朝東，高與肩平，同時右掌自左膝前向左上方移到左臂彎內側下方；重心集於左腿，成左側弓步，意在左掌心；視線自左食指尖上方向東平遠看。（圖1-26-3）

3. 右掌平按

右轉腰，左掌微向左舒伸，而後向下鬆落到左腿外側，掌心向右，指尖向下，同時右掌自左臂彎內側下方上

圖1-26-4

圖1-26-5

摸左肘少海穴，左肘不讓摸，右掌心要摸左極泉穴，左極
泉穴也不讓摸，右掌以食指引導，自左極泉穴向左前上方
移動，掌心向內，指尖斜向上（圖1-26-4）；同時身隨掌
起，右腳鬆力收到左腳旁，成自然步，隨立身；隨腰右
轉，左掌掌心向右，指尖向下，自左腿外側沿下弧線往右
摸左膝，左膝迎，同時右掌移到左前（東南杜門）八分之
一處，再沿上弧線往右按，掌心向內，指尖朝上，此時拉
開右雲門（圖1-26-5）。

　左掌繼續右移到小腹前下方，掌心向右，指尖朝下，
同時右掌隨右轉體繼續向右平按，右掌移到體正前（正
南），掌心向左，指尖朝上，拇指與眼同高，遙對印堂
穴；兩腿屈膝下蹲，重心平分於兩腳，意想「三田」合一
（圖1-26-6）。右掌以小指引導，沿外弧線繼續外旋平
按，掌心轉向外，指尖向上，此時意想拉開左雲門；右掌
繼續右移，平按，到右前（西南死門）八分之一處，同時
左掌右移摸右膝，右膝躲，屈右膝；此時重心移於右腳；

圖1-26-6

圖1-26-7

右掌平按到右側（正西驚門），掌心向下，指尖朝右，高與肩平，左掌移到右臂彎內側下方，掌心向上，指尖朝右；同時左腳向左橫開一步，腳尖內側著地，重心集於右腳，成右側弓步，意在右掌掌心；視線自右食指尖向西平遠看。（圖1-26-7）

4. 左掌平按

動作與本式動作2相同。

5. 右掌平按

動作與本式動作3相同。當右掌按到正西時，右掌變鉤與第三式斜單鞭動作1相同，變鉤方向為正西。

6. 左掌平捋

動作與第二十五式單鞭動作2相同。但向右的按掌變鉤時在正西，右鉤隨左掌平捋時要向前移動八分之一至西

南死門，單鞭為左側弓步。

　　註1：180°雲手的一橫一豎為右手向右後下落為一橫，左手向左雲為一豎；到左前，左手下落為一橫，右手向右雲為一豎。

　　註2：左、右雲手的左、右內勞宮穴與眼同高；眼神自拇指上方向前平遠看，不能看掌心。

第二十七式　左探馬

本式共2動。

1. 兩掌虛合

　　上接「單鞭」。重心在左腳，鬆左腕，左掌微前伸，以小指引導，逐漸向上翻轉掌心；眼神從左腕收回，經左雲門、右雲門看右腕；重心右移，成右側弓步，向左轉腰，扣右腳尖，使腳尖朝正東；同時，右鉤鬆力變掌，屈臂，右掌指前引，右掌心朝下，右合谷經右耳門向前下找右雲門，右臂以肘為軸內轉，右掌指尖朝左（圖1-27-1），同時，左掌翻轉，掌心向上，隨左轉腰撤到右上腹前，前臂平屈，指尖朝右，兩掌虛合，右上左下，兩掌心相對；繼之以右合谷找左雲門，左掌隨之；腰繼續左轉，長腰立身，同時收左腳併於右腳內側，腳尖虛著地，成丁虛步（圖1-

圖1-27-1

圖1-27-2

圖1-27-3

27-2）。右膝鬆力，向下蹲身，右肩從背後催左胯，右肘向後桀，左腳自動向左前方伸出，左腳跟著地，成右隅步坐勢，重心集於右腳，意在右掌心；右臂平屈於體前，略低於肩，面向正東，視線向前平遠看。

2. 兩掌右伸

左腳落實，左膝前弓，成左隅步弓勢；兩掌隨左膝前弓向左前八分之一處伸出，然後繼續沿外弧線移到右前十六分之一處止，右掌在前，腕與肩平，掌心朝下，左掌移到近右臂彎處，掌心朝上，意想左掌拇指、食指、中指、無名指、小指蓋依次貼地；身隨之右轉，面朝正東，重心集於左腳，兩腳尖均朝正東，仍為左隅步弓勢，意在左掌掌指；視線在屈膝前弓時自右食指尖向前平遠看。（圖1-27-3）

第二十八式　右分腳

本式共4動。

圖1-28-1

圖1-28-2

1. 右掌回捋

重心集於左腿，則左腿為實、靜、陰，意在左臂；要讓左臂垂落，則先想鬆左手、鬆左肘、鬆左肩，左臂自然鬆垂於體側；再想沉左肩、墜左肘，左臂沿外弧自起，繼而沿上弧線移至體前，左掌略高於頭，掌心向右，指尖斜向上，掌緣遙對前額中心，同時，右掌以小指引導，沿下弧線向右、向下、再向左移到腹前，即左臂彎內側下方，掌心朝左，指尖朝前；重心在左腳，意在左掌心；視線由左拇指尖向前平遠看。（圖1-28-1）

2. 兩掌相錯

重心仍集於左腿，左腿為實、靜、陰；意在左臂，想左手不離右肘，左肘下沉，右手上引，使左掌扶於右肘內側，掌心斜向下，右腕高與耳門平，掌心向左，指尖向上，右拇指對準印堂穴；繼而想左肘不離右手，左掌上

圖1-28-3

圖1-28-4

引，右肘微下沉，使右掌扶於左肘內側，掌心斜向左下；左腕高與耳門平，掌心向右，掌指斜向上，左拇指對準印堂穴；重心仍在左腳，意在左掌心；眼神由左拇指尖平遠看。（圖1-28-2）

3. 兩掌高舉

左掌以小指引導，向左前上方舒伸；左腿由弓步微逐漸直立，長腰立身，身隨掌起；同時右掌隨動向左前上移，與左掌心虛合遙相對，如搭涼棚，兩掌高舉，向上引過頭頂；右腿鬆力，向前提膝，腳跟離地，腳尖微起，左腿獨立。（圖1-28-3）

提膝不想膝，而想交互的肘；提右膝，即想左肘下沉（右肘隨動），則右膝自起，高與胯平；兩肘與肩平，兩掌隨之下落到高於頭維穴，指尖向上、掌心向裏；重心在左腿，意在左肘；眼由右掌食指向前平遠看。（圖1-28-4）

吳式太極拳在運行中要體現三合。如，左肩與右胯是

一條線，是對應點；相應的
右肩與左胯、左肘與右膝、
右肘與左膝、左手與右腳、
右手與左腳都是一條線相
連，表現為三組交叉線。

4. 兩掌平分

兩掌以食指引導，走上
弧形線向兩側分開下落，右
掌至右前八分之一處，指尖

圖1-28-5

朝東南，掌心向東北，左掌向左側下落，指尖朝北，掌心
向東，兩掌高度與肩平，兩臂之間夾角約為135°；同時右
腳向右前方踢出，腳面繃平（此為踢胸點肋），重心在左
腳，意在左掌心；眼神由右掌拇指指尖上方平遠視。（圖
1-28-5）

第二十九式　右探馬

本式共2動。

1. 兩掌虛合

兩膝鬆力，鬆腰鬆胯，左膝微屈，重心下沉，右腿鬆
力，右前落腳，腳跟著地，成左隅步坐勢；同時兩肘鬆
力，左掌以合谷穴找右雲門穴，掌心朝下，指尖向右，做
單臂捋髯，右掌以小指引導，向下翻轉到右手背接近右
膝，掌心向上，指尖向左，左掌由右雲門穴向右前下虛按
到右掌上方，兩掌心上下相對，左臂平屈於體前，略低於

圖1-29-1

圖1-29-2

肩；面向正東，重心在左腳，意在左掌心；視線向前平遠
看。（圖1-29-1）

2. 兩掌左伸

動作與第二十七式左探馬動作2相同。只左右肢體互
換，左掌指尖朝東北；而第二十七式左探馬動作2兩掌右
伸之右掌指尖朝東南。（圖1-29-2）

第三十式　左分腳

本式共4動。

1. 左掌回捋

動作與第二十八式「右分腳」動作1相同，但左右肢
體互換。

2. 兩掌相錯

動作與第二十八式「右分腳」動作 2 相同，但左右肢體互換。

3. 兩掌高舉

動作與第二十八式「右分腳」動作 3 相同，但左右肢體互換。

圖 1-31-1

4. 兩掌平分

動作與第二十八式「右分腳」動作 4 相同，但左右肢體互換。分腳方向為東北。

第三十一式　轉身左蹬腳

本式共 4 動。

1. 兩拳交叉

兩臂彎鬆力，左右掌以小指引導向身前合抱而漸變為拳，至體正前時，兩腕交叉，高與肩平，左拳在外，右拳在內，拳心均朝內；同時右膝鬆力，屈膝下蹲，左膝鬆力，小腿懸垂，隨右腿下蹲，左腳向身體右後側撤步，前腳掌著地，成歇步，左膝蓋頂住右小腿的承山穴，重心在右腳，意在右拳；眼由兩拳中間平遠看。（圖 1-31-1）

圖1-31-2

圖1-31-3

2. 轉身提膝

欲左先右，沉肩墜肘，鬆腰鬆胯，左肩由體前找右胯，左肘自體前找右膝，腰微右轉；然後以兩腳掌為軸向左後轉身約八分之三，胸向西北，重心仍在右腳，左腳尖虛點地，兩腿均屈膝；兩拳仍在胸前交叉，兩腕低於肩，兩臂鬆力，兩拳微上移；身隨拳起，右腿獨立，左腿屈膝鬆垂，隨長腰立身而微提。重心仍在右腳，意在右拳心；眼由兩拳中間平遠視。（圖1-31-2）

3. 兩拳高舉

兩臂放鬆，兩拳向前向上方舒伸高舉，隨之兩拳向內翻轉漸變為掌，指尖向上，掌心朝外，兩肘向下鬆垂，兩掌沉落到略高於頭維穴；右腿獨立，隨右肘下墜左膝上提，高與胯平，身體略向左轉動，重心在右腳，意在右掌心；視線由左掌食指尖平遠視。（圖1-31-3）

圖1-31-4

4. 兩掌平分

動作與第三十式「左分腳」動作4相同，只是將左腳尖鈎回，蹬腳方向為西南。（圖1-31-4）

第三十二式　進步栽捶

本式共6動。

1. 左掌摟膝

右膝鬆力，鬆腰鬆胯，屈右膝，同時左腳下落，腳跟著地，成右正步坐勢；兩掌鬆力屈臂，在體前相合後下按，即雙臂捋髯（圖1-32-1）；同時左腳落平，重心移於左腳，左膝前弓，成左正步弓勢，繼之右腿鬆力提膝跟步，併於左腳內側，成自然步，兩腿直立；兩臂自然下垂，重心在兩腳間。以下動作與第六式「摟膝拗步」動作5相同，唯方向相反。

圖1-32-1

圖1-32-2

2. 右掌前按

動作與第六式「摟膝拗步」動作6相同，方向相反。

3. 右掌摟膝

動作與第六式「摟膝拗步」動作7相同，方向相反。

4. 左掌前按

動作與第六式「摟膝拗步」動作8相同，方向相反。

5. 左掌摟膝

動作與第六式「摟膝拗步」動作9相同，方向相反。

6. 右捶下栽

左掌摟膝（圖1-32-2）後，左腳落平；右手指鬆攏變拳，隨左膝前弓而向前下方舒伸到左膝前，拳眼向下，拳

面向前，送到左膝前時拳眼向後，拳面向下，在右拳下栽的同時，左掌向後找左環跳時變拳，也使其拳面向下，此時兩拳眼前後相對；為防止上身前衝，應使左氣衝穴落在腹股溝上，重心在左腳，意在左拳心；視線由右拳根節向前下方看。（圖1-32-3）

圖1-32-3

第三十三式　翻身撇身捶

本式共2動。

1. 右拳上擺

以左拳眼向前擊撞右拳眼，趁勢身向右後轉，右拳被擊後沿外弧線向前、向上、向後畫弧平落，與肩同高，方向正東，拳眼向右，拳心向上；當右轉腰胸向西北時收右腳跟，使腳尖朝北，當胸向北時扣左腳，此時左腳尖向北偏東，兩腳尖成丁八步，重心仍在左腳；此時左臂平伸，方向為西偏北；重心在左腳，意在左拳心；視線隨右拳中指中節向前平遠看。（圖1-33-1）

2. 右肘下採

右轉腰，右腳虛起收落至左腳右側，腳尖朝東虛著地，隨腰右轉面向正東，左腳尖隨之扣向正東，重心仍在

圖1-33-1

圖1-33-2

左腳；右拳隨右肘之下採而落至右膝上方，拳心向上，拳
眼向右，左拳沿外弧線下落覆於右拳上，拳心向下，拳眼
向後，與右拳心上下相對；隨右拳下落，右腳落實，重心
移於右腳，意在右拳；眼隨兩拳心相合後抬頭向前平遠
視。（圖1-33-2）

第三十四式　右蹬腳

又叫「翻身二起腳」。本式共6動。

1. 翻掌出步

重心轉至左腳，左拳與右拳相錯，左拳以小指引導，
循右拳之外緣向下移動，拳心朝下，拳眼向後，右拳變
掌，拇指、無名指與小指三指撮合，食指、中指二指自然
併攏伸直，順左拳上方前伸，右肘尖落在左拳背上，右掌
心朝上；同時沉左肩，墜左肘，左胯背後摧右膝，右腳向
右前八分之一處伸出，腳跟著地，成左隅步坐式（圖

圖1-34-1

圖1-34-2

1-34-1）。

　　隨勢右掌二指繼續前伸；重心前移，左腿蹬直成右隅步弓勢；當右掌二指前伸時，掌心翻朝下，左拳變掌，掌心朝上，停於右上臂下方（此為白蛇吐信，用於取對方雙目）（圖1-34-2）。

圖1-34-3

　　接著做落掌跟步，即右掌下落至胯側，掌心向後，指尖朝下，左掌隨動，附於右臂彎內側，掌心向上，指尖向右；同時左腳跟步至右腳內側，腳尖虛著地；接著右掌走下弧伸向西南，掌心向下，左掌隨動，掌心向上，附於右臂彎；左腳向東北上步；然後右掌平捋至東北，左掌隨動，兩掌上下相合，掌心相對；此時左腳跟虛著地，成右隅步坐勢，隨左轉腰，胸朝正東，重心在右腳，意在

右掌心；視線向正前平遠看。（圖1-34-3）

2. 兩掌右伸

動作與第二十七式「左探馬」動作2相同。

3. 右掌回捋

動作與第二十八式「右分腳」動作1相同。

4. 兩掌相錯

動作與第二十八式「右分腳」動作2相同。

5. 兩掌高舉

動作與第二十八式「右分腳」動作3相同。

6. 兩掌平分

動作與第二十八式「右分腳」動作4相同。但此動是右蹬腳，提膝後右小腿外展時向外蹬腳跟，方向正東，意在左掌根。略。

第三十五式　左右打虎

本式共4動。

1. 兩掌裏合

左腿獨立，並向下鬆沉、微屈，收腹鬆腰，同時右膝鬆力，屈膝內合（提膝，腳尖懸垂）；右掌以食指引導，掌心翻轉朝下，向左下合，左掌以食指引導，掌心翻轉朝

圖1-35-1

圖1-35-2

下向右合，兩掌一同伸向左前八分之一處（東北隅，意指對方眼睛），左掌在前，右掌在後，右拇指貼於左臂彎內側；左膝鬆力下蹲，右腳向右後方（西南）撤步，腳跟內側著地（以手帶腳，手為主動，腳為從動），左掌心、命門、右腳心三點一條線，重心在左腳，意在左掌心；視線自左掌食指尖上方平遠看。（圖1-35-1）

2. 兩拳並舉

兩掌向右下捋，左掌心找左陽陵泉，右掌心找右陰陵泉，左右兩掌分別輕扶左陽陵泉、右陰陵泉；此時右腳尖向右展四分之一（正南）落平（收小腹、尾閭上三山，產生龜縮力）（圖1-35-2）。兩掌順左、右膝向右摸轉，右手到右環跳，左掌摸到右陽陵泉；同時弓右膝、扣左腳，成右隅步弓式（圖1-35-3）。兩掌向右前弧形上提，漸變為拳，到右前八分之一處時，右拳高與耳平，微屈右肘，拳面向左前，拳眼斜向外下，左拳隨之，拳眼向上，貼在

圖1-35-3

圖1-35-4

右肘下；當兩拳到位時左腳跟進半步，腳尖著地（圖1-35-4）。跟步後腰向左轉，扣右腳；右拳向左側貫出，稱為轉體左貫，拳面朝東，胸向東南；重心在右腳，意在右拳；視線先隨右手動，在右拳向左貫時，順勢朝右前方（東南隅）看。（圖1-35-5）

圖1-35-5

3. 合掌撤步

兩拳變掌，向右前八分之一處（東南隅）舒伸，右掌在前、在外，左掌在後、在內，掌心均朝下，左拇指在右臂彎內側；右膝鬆力，向下蹲身，同時左腳向左後方（西北隅）撤步，腳尖裏側著地（此動體現上下相隨，下隨

上），重心在右腳，意在右
掌心；視線隨右食指尖動。
（圖1-35-6）

4. 兩拳並舉

動作與本勢動作 2 相
同，只左、右肢互換。另外
左轉腰時是以左腳掌為軸，
收左腳跟；右腳為外展腳
跟。略。

圖1-35-6

第三十六式　提步蹬腳

又稱「十字蹬腳」。本式共2動。

1. 兩拳相合

右轉腰，扣左腳，右腳跟裏收，腳尖點地，胸向正
東；兩肘下垂，兩拳向外翻轉回落至胸前相合，拳心均朝
內，右拳在外，左拳在內；重心在左腳，右腳跟虛起，意
在左拳；視線向前平遠看。（圖1-36-1）

2. 分拳蹬腳

左腿舒直，長腰立身，右腿鬆垂提膝；同時兩肘向左
右舒伸，兩拳指中節相對，拳眼向上，拳心朝裏，高與胸
齊，兩拳自胸前向左右兩側分開撇打，高與肩平，拳心向
前，以兩臂舒直為度；分拳時要沉肩墜肘，同時右腳向正
東蹬出，重心在左腳，意在左拳心；視線向前平遠視。

圖1-36-1

圖1-36-2

（圖1-36-2）

第三十七式　雙風貫耳

本式共2動。

1. 兩拳下合

　　左膝鬆力，向下蹲身，右腳跟虛著地，成左正步坐勢；兩臂鬆力，左拳向右下移到右膝上方，右拳向左下移至兩腕交叉，左拳在內，右拳在外（圖1-37-1）；然後兩拳自外向下、向裏再翻向外，兩拳變掌分至左右側，兩掌間距離與肩同寬，掌心向上，指尖朝前；兩掌

圖1-37-1

圖1-37-2

圖1-37-3

變鈎，手背下採，肘尖紮
地，貼地皮往後移，隨右腳
逐漸落平，右膝前弓，兩掌
從身前向兩側分開，走下弧
形至兩胯後側；同時弓右膝
成右正步弓勢，重心在右
腳，意在右腕；視線向正前
平遠看。（圖1-37-2）

圖1-37-4

2. 兩拳相對

兩鈎變掌，掌心朝前，同時兩肘上提，使兩掌心與兩
腎俞穴同高（圖1-37-3），繼而兩掌下插，滑至環跳，順
勢兩臂自左、右向前上舒伸至與肩平時，兩掌變拳（為空
心拳，拳到位後變實心），向正前方貫出，兩拳面相對，
相距約10公分，拳眼向下；重心仍在右腳，意在兩拳；視
線從兩拳之間平遠看。（圖1-37-4）

圖1-38-1

第三十八式　披身蹬腳

本式共4動。

1. 兩拳鬆轉

右腳跟鬆力，以腳掌為軸，腳跟向裏收轉四分之一（腳尖朝正南），上體隨之半面右轉；同時沉肩、墜肘，兩拳向右前鬆旋；視線隨兩拳轉向右前八分之一處；左腿放鬆，腳跟虛起，重心微前移，重心在右腳，意在兩拳面；視線朝東南隅平遠看。（圖1-38-1）

2. 兩拳交叉

以會陰為圓心，尾閭繞會陰向右順時針旋轉，從而帶動腰、胯、肩、肘、腕右旋，形成一個腰圈、胯圈、肩圈、肘圈、腕圈，多圈同轉，使身體繼續右轉，面朝正南；同時鬆腰屈膝下蹲，左腳自然虛鬆，左膝上部附於右

腿委中穴，左腳尖著地，腳
跟上起成歇步；此時，兩臂
放鬆，兩肘下垂，兩拳外
旋，左拳向右移，左腕貼於
右腕外面，兩腕成交叉，兩
拳拳心轉朝裏，拳高與肩
平；重心在右腳，意在右
拳，視線朝東南隅平遠看。
（圖1-38-2）

圖1-38-2

3. 兩拳伸舉

兩拳交叉向前上方（偏左）伸舉，身隨拳起，兩拳邊
伸邊轉邊變掌，交叉之兩腕伸到頭前上方時，掌心已轉向
外，沉肩墜肘，兩掌向體側鬆落，掌心仍朝外，右肘下
沉；左腳自起，左膝鬆屈，左腳尖懸垂，右腳獨立；面朝
正南。重心在右腳，意在右肘紮地，視線正前平遠看。
（圖1-38-3）

4. 兩掌平分

動作與第三十一式「轉身左蹬腳」動作4相同。但此
動胸向正南，左腳跟向正東蹬出。重心在右腳，意在右掌
根向正西按出，視線由左掌拇指上方向東平遠視。（圖
1-38-4）

第三十九式　轉身蹬腳

本式共4動。

圖1-38-3

圖1-38-4

1. 左腳右轉

鬆右肩、沉右肘，以右勞宮穴找右環跳穴，左手隨之走外弧線向右後上方搆東西；視線由左食指轉移至右拇指；身隨兩臂向右後方轉，右腳鬆力，腳跟微虛起，同時左腳踝部鬆力，左腳尖內扣，隨右轉腰，沿外弧線向右後方擺動，並向西北隅上一步，左腳跟落地，下落在右腳尖前的外側（儘量往後落），同時右腿微屈，重心微下降。重心仍在右腳，意在右掌；視線由左掌食指尖向西北隅平遠看。（圖1-39-1）

圖1-39-1

2. 兩掌變拳

向右扣左腳尖,朝正北落實;身體向右轉朝正北,重心移到左腳,屈膝下蹲,右腳跟步,落至左腳內側,右腳尖虛著地,成右丁虛步;同時,左臂屈臂向外旋,右臂也鬆肘外旋,腕部交叉於胸前,兩掌隨腰右轉下蹲漸變拳,右拳在

圖1-39-2

外,左拳在內,拳心均朝裏,拳高與肩平;重心在左腳,意在左拳;視線向右前平遠看。(圖1-39-2)

3. 兩拳高舉

動作與第三十八式「披身蹬腳」動作3相同,只是朝向相反,左、右肢互換。

4. 兩掌平分

動作與第三十八式「披身蹬腳」動作4相同,只是朝向相反,左、右肢互換。右腳蹬向正東。

第四十式　上步搬攔捶

本式共6動。

1. 左掌摟膝

左膝鬆力,微屈,右腳下落,腳跟著地,成左正步坐

勢，右腳漸落平，弓右膝，重心前移於右腳，成右正步弓勢；同時，兩掌鬆力屈臂，在體前相合下按，即雙臂捋髯（圖1-40-1）。繼之左腳鬆力向前跟步，併於右腳內側，成自然步，兩腿直立；兩臂自然下垂；體重在右腳，意在右掌心，右臂向左側鬆移，右掌心向左，與

圖1-40-1

左掌虛合，掌心相對，先左前抱球，轉至正前抱球、右前抱球（以下動作與第六式「摟膝拗步」動作5相同）。

2. 右掌前按

動作與第六式「摟膝拗步」動作6相同。

3. 左掌右按

右臂向前舒伸，與肩同高，掌心向下，掌指朝前；身隨臂起，右腿鬆力，右腳向前提起跟步，與左腳併成自然步，微立身後沉右肩，墜右肘，重心漸移右腳，右腿屈膝下蹲，腰微右轉；右掌、右腕鬆力，自體前隨肘下沉，邊沉邊握拳，回落於帶脈右外側，拳眼向上，拳心朝裏，同時左掌自體左側上提沿外弧線前移，從體正前運至右前，向體右側下方虛按，輕覆於右拳眼上，掌心向下，指尖朝右；右肩背後摧左胯，左腳跟虛起，左腳上步，腳跟虛著地，成右正步坐勢。重心在右腳，意在右拳面，視線隨左

掌食指尖向前平遠看。（圖
1-40-2）

4. 右拳前搬

動作與第八式「上步搬攔
捶」動作2相同。

5. 左掌回攔

動作與第八式「上步搬攔
捶」動作3相同。

圖1-40-2

6. 右拳前捶

動作與第八式「上步搬攔捶」動作4相同。

第四十一式　如封似閉

本式共2動。

1. 抽拳分掌　　2. 兩掌前按

以上兩動的動作與第九式「如封似閉」相同。

第四十二式　抱虎歸山

本式共4動。

1. 兩掌下按　　2. 兩掌展開
3. 兩掌上掤　　4. 兩肘下垂

以上4動動作與第十式「抱虎歸山」各動相同。

第四十三式 左右斜步摟膝

本式共4動。

1. 左掌摟膝　　2. 右掌斜劈
3. 右掌摟膝　　4. 左掌斜劈

以上4動動作與第十一式「左右斜步摟膝」各動相同。

第四十四式 隅步攬雀尾（4）

又稱「獅子大張嘴」。本式共6動。

1. 左掌翻轉

收腹、鬆腰，身體右轉，重心後移至左腳，成左隅步坐勢，右腳跟虛起，腳尖著地；同時，左腕鬆力，左臂以曲池穴外找少海穴，少海穴找膻中穴，掩左肘，掌心翻轉向上，指尖朝西北；腰微左轉，左隅步坐勢變成右隅步弓勢；同時右肘鬆力，右掌上提，向左前舒伸至左臂彎前上方，掌心向上，重心在右腳，意在右掌心；視線經右掌食指尖平遠看。（圖1-44-1）

2. 左掌打擠

右掌自左臂彎前上方以右

圖1-44-1

圖1-44-2　　　　　　　　　圖1-44-3

掌內勞宮穴回找右肩井穴，打一陰肘，再以右肩井穴回找右掌內勞宮穴，再次以肘發力；由右隅步弓勢漸變為左隅步坐勢，重心在左腳，右腳跟虛起，腳掌著地。（圖1-44-2）

　　然後左肘微下沉，左掌自動由掌心向上變成掌心向右的側立掌，同時右掌向左前舒伸，使兩掌的外勞宮穴相貼；重心前移，由左隅步坐勢變成右隅步弓勢。（圖1-44-3）

　　同性相斥。因兩手背相貼為同性相貼，一貼即走，左、右掌分別向外、向裏邊旋轉邊上下分開，變成兩掌心斜相對，兩腕大陵穴遙相合，右掌在上，左掌在下，右掌心斜朝前，指尖斜向上，左掌心斜向上，指尖斜向下。猶如獅子張大口（圖1-44-4）。同時重心後移，變為左隅步坐勢，右腳尖翹起；再隨腰左轉，兩掌左移，邊左移，兩大陵穴邊沿逆時針方向相對旋轉，猶如獅子向左搖頭、向右擺尾，兩掌變成左掌在上，右掌在下（此為獅子大張

圖1-44-4

圖1-44-5

嘴）。（圖1-44-5）

微向左轉體，右腕鬆力，橫落於胸前，掌心向裏，掌指向左，左掌扶於右脈門，掌心向外，掌指斜向上，指尖高略低於鼻尖；與此同時，右腳落平，右膝前弓，左腿蹬直，形成右隅步弓勢，重心在右腳，方向正西；擠時右前臂微內旋，左

圖1-44-6

掌根透過右脈門微向前下扣；意想夾脊找右湧泉，脊背有微向後倚之意，重心在右腳，意在右掌腕；視線隨左掌食指尖平遠視。（圖1-44-6）

3. 右掌回捋

動作與第二十四式「上步攬雀尾」動作3相同。

4. 右掌前掤

動作與第二十四式「上步攬雀尾」動作4相同。

5. 右掌後掤

動作與第二十四式「上步攬雀尾」動作5相同。

6. 右掌前按

動作與第二十四式「上步攬雀尾」動作6相同。

第四十五式　斜單鞭

本式共2動。

1. 右掌變鈎

動作與第十三式「斜單鞭」動作1相同。

2. 左掌平按

動作與第十三式「斜單鞭」動作2相同。

第四十六式　野馬分鬃

本式共12動。

1. 兩掌內合

左腕鬆力，微向左舒伸，中指與拇指虛合（中間有一定距離），向右側微伸，形成右鈎腕打；此時重心右移，成右側弓步；兩臂鬆力，右鈎變掌；身向右轉，面向正

圖1-46-1

圖1-46-2

西，左膝鬆力，左腳尖扣向正西；重心隨移即至左腳，仰右腳尖，成左隅步坐勢，意想右肘與左膝合，右肩與左胯合；右掌自右向左移至胸前，拇指遙對鼻尖，腕與肩平，掌心朝內，同時左掌自左向右移至胸前，左大陵穴與右內關穴相合，掌心朝前下；此時使右陰陵泉穴貼左陰陵泉穴，成一字步勢，重心在左腳，意在左掌心；視線從右掌拇指尖上方平遠看（意想右掌心托左腳湧泉穴，左掌心按在右腳背上）。此稱六爻。（圖1-46-1）

2. 右掌下採

做抽身長手，俗稱「虎洗臉」。左膝鬆屈，腰胯微下沉；左掌以食指引導向上舉，從頭前向右移，再沉落在右耳外側，掌心朝右，指尖向上，右掌以小指引導，向左下方移至左膝前，掌心朝左，指尖朝下；重心在左腳，意在左掌掌心；眼神向前平遠看。（圖1-46-2）

圖1-46-3　　　　　　　　圖1-46-4

3. 右腳橫移

右掌繼續以小指引導，移至左膝外側並下插，以右外勞宮穴找左陽陵泉穴；同時向右前擺頭，出隅步，眼向右前看（右掌外下插為平衡動作）用眼神將右腿帶出，向右前橫移八分之一，腳跟著地，成左隅步坐勢，重心仍在左腳，意在左掌心，視線向右前平遠看。（圖1-46-3）

4. 右肩右靠

左臂放鬆，左掌以食指引導，向右前下落，右臂屈肘，右掌向右前上伸；同時右腳落平，兩掌在右胸前相合；當右手小指伸到與右耳垂相平時，掌心朝上，再用眼神帶動左臂，向左下方輕輕舒直，到左勞宮穴與左腳申脈穴上下相對時，使左臂內旋，令左手虎口翻朝下，有下掐腳脖之意；同時弓右膝，外展左腳跟，成右隅步弓勢，重心在右腳，意在右掌掌心，眼從左掌虎口向下看。（圖1-46-4）

5. 右掌回捯

做「跟步虎洗臉」。視線從左掌食指移向正前方平遠看，提頂豎腰；右肩、右肘鬆沉，右掌以食指引導，向左後方回捯到左耳外側，掌心朝左，指尖朝上，同時左腕放鬆，左掌以小指引導，向右前方移到右膝前，

圖1-46-5

掌心朝右，指尖朝下；同時收左腳，左腳跟步，經右腳內側向左前八分之一處伸出，腳跟著地，成右隅步坐勢，重心仍在右腳，意在右掌掌心，視線正前方平遠看。（圖1-46-5）

6. 左肩左靠

動作與本式動作4相同，但左右肢互換。

7. 左掌回捯

動作與本式動作5相同，但左右肢互換。

8. 右肩右靠

動作與本式動作4相同。

9. 兩掌內合

左腿鬆力、微屈，體重後坐，重心後移於左腳，右腳

尖翹起，腳跟著地，由右隅步弓勢變為左隅步坐勢；同時右肘與左膝合，右肩與左胯合，右掌由右前斜上方自動向左下移至胸前，右拇指遙對左鼻孔，腕與肩平，掌心朝內，指尖向上，左掌自左腿申脈上方向胸前合，左腕大陵穴與右前臂內關穴合，掌心朝下，指尖斜向

圖1-46-6

上；同時右腳向左橫移，腳跟著地，令右陰陵泉穴貼左陰陵泉穴，成一字步勢（意想左掌心按在右腳背上，右掌心托左湧泉穴），重心在左腳，意在左掌心；視線從右掌拇指尖上方向前平遠看。（圖1-46-6）

10. 右掌下採

動作與本式動作2相同。

11. 右腳橫移

動作與本式動作3相同。

12. 右肩右靠

動作與本式動作4相同。

第四十七式　玉女穿梭

本式共20動。

1. 右掌翻轉

視線由左下方轉向右前方看右手中指，而右手中指不讓看；右手向右前方微長，意想右手拇指肚至小指肚依次按地，掌心翻轉向下，同時左腕放鬆，左掌追眼神，鬆左手、鬆左肘、鬆左肩，掌心朝右，指尖朝下，以食指為引導向左摸左膝，進而摸右膝，左掌鬆垂至右膝內側；重心在右腳，意在右掌心；眼神由右掌食指尖向右前平遠看。（圖1-47-1）

圖1-47-1

2. 左掌斜掤

眼神收回，沿右掌前外側弧形下落，自右掌小指尖轉視右肘尖；此時左掌隨著眼的轉視動作自然上起，至掌心托右

圖1-47-2

肘；眼神想看左掌中指尖，而右肘不讓看，隨之右肩一鬆沉，右肘微右移掩肘（此為一平衡動作）；左腿鬆力、提膝，左腳經右腳內側，使兩陰陵泉穴相貼，向左前進一步，腳跟著地，形成右隅步坐勢，重心在右腳，意在右肩井（掩右肘時可以右拇指找膻中穴）（圖1-47-2）。繼續沉右肩，墜右肘，右手找左腳，左腳放平；隨之右肘找左

圖1-47-3

圖1-47-4

膝，重心至左腿，右肩找左胯，重心完全左移，想左肩、左肘，左手逐漸鬆力，使左掌（掌心向上）伸向左前，想拇指至小指蓋依次貼地，肚臍找大敦穴，左掌指尖向西南，腕高同肩，右掌指尖附於左脈門處隨之前伸；身隨臂轉，面向西南隅，弓左膝成左隅步弓勢，重心在左腳，意在左掌心；視線由左掌食指尖向西南隅平遠看。（圖1-47-3）

3. 左掌反採

腰微左轉，以左掌食指為引導，左肘尖先沿內弧找左陽陵泉穴、左委中穴、左陰陵泉穴，再沿外弧線找右陰陵泉穴、右犢鼻穴、右陽陵泉穴；重心移於右腳，成右隅步坐勢，左腳尖著地（圖1-47-4）。意想右肩找左胯，右肘找左膝，右手找左腳，右掌輕扶左脈門，向左上方掤；隨之左掌以食指引導，走外上弧向左後上方移動，意想拇指至小指肚依次逐漸托天，左掌移至正南（應鬆肩墜肘），略高於頭，指尖向後上方，掌心朝上，右掌掤到左臂彎

圖1-47-5

圖1-47-6

處；同時右膝鬆力，腰向右後收，左腿伸直，胸向西南，成右隅步坐勢，左腳尖翹起，重心在右腳，意在右掌心；視線自左掌食指尖上方向正南平遠看。（圖1-47-5）

4. 右掌斜按

鬆右手、鬆右肘、鬆右肩，右臂自然下落，當右手下落至體前時右臂外旋，使右掌心翻轉向西南，在右掌翻轉的同時，左掌下落至體前左側，掌心亦向西南；重心在右腿，則意在右臂，想鬆右肩、右肘、右手，兩掌向左前（西南方）提起；重心前移，左膝前弓成左隅步弓勢，意想鬆左小指的根、中、梢，兩腳尖均朝西；兩掌繼續向西南提起（似老嫗轟小雞），此時兩掌小指相吸，略低於胸。此式稱「霸王送客」（圖1-47-6）。

兩小指相吸，一碰即分，右掌不動，左掌以食指引導，向左後上方沿外弧線上舉，至東南方向，然後左掌心翻轉朝上，以左外勞宮穴對正百會穴，此時右掌掌心翻轉

圖1-47-7　　　　　　　圖1-47-8

朝西南；隨勢從左隅步弓勢收腰坐身成右隅步坐勢，左腳跟虛起，腳掌著地（圖1-47-7）。

　　隨即重心前移，弓左膝，再成左隅步弓勢；同時左掌以拇指下插右掌虎口，右掌由掌心朝上變朝向西南隅斜按，兩掌虎口相對，左掌高與眉平，右掌拇指尖對鼻尖，掌心朝西南；身朝左前方（西南），重心在左腳，意在左掌心；眼從右掌食指上方平遠看。（圖1-47-8）

5. 左掌右轉（雙龍盤玉柱）

　　腰微左轉（右腎托左腎），兩臂隨勢圓撐，視線注視右掌食指，稱為「犀牛望月」。

　　豎腰立頂、收腹、鬆胯，腰右轉；左掌以食指為引導，沿外弧線向右後方轉，意想外勞宮穴找右耳門，掌心朝外，指尖向右（小指紮天，拇指入地），同時右臂鬆力，右掌掌心翻轉斜向上，落至左肋下，意想從左前繞至左後，由左陽陵泉穴到左小腿內側的照海穴入地；左掌轉

圖1-47-9

到西北方向時，左腳尖扣向正北，左掌繼續轉至面向正東時，右腳跟虛起內收，兩腳尖均朝正北，兩陰陵泉穴相貼，成一字步，重心仍在左腳，左外勞宮穴貼右耳門，意在左掌掌心；視線隨左掌食指尖平遠看。（圖1-47-9）

做此式，注意百會、會陰與實腿的照海穴要垂直成一線。上下一條線，全憑左右轉。

6. 右掌斜掤

欲右先左，腰先微向左轉再右轉，沉左肩、墜左肘，左肩自體前催右胯，左肘自體前催右膝；右腳向右前方橫移一隅步（東南方向），腳跟著地，成左隅步坐勢，重心在左腳，意想左手合右腳；左手自小指至拇指肚依次按地；隨腰右轉，右掌心貼左臂外向右前方移動，移到左掌指尖和右脈門相貼；右腳落平，重心移右腳，意想右手拇指至小指蓋依次貼地；右掌繼續移動到右前方八分之一處（東南），伸到極度，腕高與肩平，左掌指尖附於右脈門

處隨之前伸；同時左腳跟外
展，成右隅步弓勢，意想神
闕穴找大敦穴，重心完全前
移到右腳，意在右掌掌心；
視線隨右掌食指尖動。（圖
1-47-10）

圖1-47-10

7. 右掌反採

動作與本式動作3相
同，唯左右肢互換，胸向東
南；視線自右掌食指尖向正南平遠視。

8. 左掌斜按

動作與本式動作4相同，唯左右肢互換，胸向東南，
左掌掌心按向東南。

9. 兩掌內合

腰微左轉，沉左肩、墜左肘，繼之右轉腰，鬆右肩、
墜右肘，兩掌自東南扶向正南，右掌在前，左掌在後，兩
掌心均朝下，腰繼續右轉，兩掌向西南扶伸；同時鬆左
膝，左腳向左前方（東北）上步，腳跟著地，腳尖翹起，
成右隅步坐勢（圖1-47-11）。兩掌伸到極度時，重心全
部移到右腿；右掌沿下弧線自西南向腹前挒按（稱撩陰
掌），左掌隨動；右掌挒到右膝前時左腳落平，腳尖朝正
東，隨勢腰左轉，胸向正東，左膝前弓，重心移左腳，成
左正步弓勢；同時，兩掌向胸前掤起，左掌沿內弧自右腹

圖1-47-11

圖1-47-12

下經左腹前上掤到胸前，指尖向上，掌心向外，右掌自右膝前沿內弧掤到胸前，掌心朝內，指尖向上，拇指對準左鼻孔，兩臂相合，左掌扶在右腕內關穴處；同時上右腳，腳跟著地，兩陰陵泉穴相貼，成六爻式，重心在左腳，意在左掌心，視線隨右掌食指尖向正前方平遠看。（圖1- 47-12）

10. 右掌下採

動作與第四十六式「野馬分鬃」動作2相同，唯方向相反。

11. 右腳橫移

動作與第四十六式「野馬分鬃」動作3相同，唯方向相反。

12. 右肩右靠

動作與第四十六式「野馬分鬃」動作4相同，唯方向

相反。

13. 右掌翻轉

動作與本式動作1相同,唯方向相反。

14. 左掌斜掤

動作與本式動作2相同,唯方向相反。

15. 左掌反採

動作與本式動作3相同,唯胸向東北方,左掌指及視線向正北。

16. 右掌斜按

動作與本式動作4相同,唯右掌心向東北。

17. 左掌右轉

動作與本式動作5相同,唯方向轉向西北。

18. 右掌斜掤

動作與本式動作6相同,唯方向相反(西北)。

19. 右掌反採

動作與本式動作7相同,唯胸向西北方,右食指及視線向正北。

20. 左掌斜按

動作與本式動作8相同，唯左掌心向西北。

第四十八　進步攬雀尾（5）

又稱「二陰二陽掌」。本式共8動。

1. 兩掌斜按

腰微右轉，兩手虎口圓撐，繼之左轉腰，沉右肩墜右肘，右掌以食指引導向右前（西北）舒伸，以舒直為度，同時鬆左腕，左掌隨之落於右臂彎內側，腕與肘平，兩掌心均朝下，指尖朝西北；重心仍在右腳，意在右掌掌心；視線隨右食指尖平遠看。（圖1-48-1）

2. 兩掌下捋

右掌以食指引導向下捋按，左掌隨之向左後下方捋到右膝前上方，同時沉右肩、墜右肘；鬆左膝，收左腳，向前上步，腳跟著地，成右正步坐勢，重心在右腳；右掌為陽，意在右掌心；右掌繼續向後下捋到左膝前，左掌移到左胯外側，兩掌心均朝下，虎口朝前（正西）；同時左腳落平，鬆腰，弓左膝，氣衝壓腹股溝，成左正

圖1-48-1

圖1-48-2

圖1-48-3

步弓勢。此式稱「上步叼捋」。重心在左腳，意轉換在左掌掌心；視線自右食指尖向前平遠看。（圖1-48-2）

3. 兩掌前掤

沉左肩、墜左肘，腰微左轉，意想左掌後拉左環跳，右腕鬆力，右掌邊隨體左移邊翻轉掌心向上；同時左肩催右胯，右膝鬆力，右腳向前上步，腳跟著地，成左正步坐勢；左掌隨之前伸，掌心向下，扶於右脈門。

右腳逐漸落平，右膝前弓，右掌以食指引導伸向左前十六分之一處，隨右轉腰，右掌繼續向右掤到右前十六分之一處，意想拇指蓋至小指蓋依次貼地，掌心向上（一陰掌），左掌隨之前伸，掌心仍朝下，扶於右脈門；身體重心完全移至右腳，成右正步弓勢。

意想拇指肚、食指肚、中指肚、無名指肚、小指肚依次按地，右掌翻轉掌心向下（一陽掌），左掌隨之在原位翻轉掌心向上（二陰掌）；隨即體重後坐，重心邊後移左

腿，右掌邊向右腹前下採，而左掌則向前舒伸前掤，再翻轉掌心向下（二陽掌）回採至左腹前；此時重心移於左腳，右腳跟虛起，前腳掌著地，成左正步坐勢。（圖1–48–3）

繼續收腹鬆腰，右掌隨之由右腹前向胸前上掤，掌心向內，指尖斜向上，拇指遙對左鼻孔；同時左掌由左腹前移至右曲池穴；重心完全集於左腳，右腳跟著地，腳尖翹起，成右抱七星狀的左正步坐勢，重心在左腳，意在左掌心；視線自右掌拇指尖向前平遠看。

4. 左掌打擠

動作與第四十四式「隅步攬雀尾」動作2「左掌打擠」第4段相同。

5. 右掌回捋

動作與第四十四式「隅步攬雀尾」動作3相同。

6. 右掌前掤

動作與第四十四式「隅步攬雀尾」動作4相同。

7. 右掌後掤

動作與第四十四式「隅步攬雀尾」動作5相同。

8. 右掌前按

動作與第四十四式「隅步攬雀尾」動作6相同。

第四十九式 單 鞭

本式共2動。

1. 右掌變鉤

動作與第二十五式「單鞭」動作1相同。

2. 左掌平掤

動作與第二十五式「單鞭」動作2相同。

第五十式 雲手270°

本式共6動。

1. 左掌下掤　　2. 左掌平按
3. 右掌平按　　4. 左掌平按
5. 右掌平按　　6. 左掌平掤

以上動作與第二十六式「雲手」相同。左右手平按的方向為東北、西北成270°，最後成正單鞭。

第五十一式 下 勢

本式共2動。

1. 右掌下掤

左掌鬆力，微左伸，鬆左腕、肘、肩，鬆右肩、肘、腕，右鉤變掌，掌心朝下；馬步漸變右側弓步（圖1-51-1）；以右食指引導，向右向下走下弧線（視線隨右食指

圖1-51-1

圖1-51-2

尖），右掌經右膝、左膝再
向上向前舒伸（圖1-51-
2），到腕與肩平，指尖朝
正東，掌心朝左；上身隨之
左轉，面朝正東，同時由右
側弓步漸變為左側弓步，重
心在左腳；左掌心朝右，左
指尖朝東，左肘微鬆，左掌
從右上臂上回收，附於右臂
彎內側，掌心斜向下，掌與

圖1-51-3

右肘齊為度（左手不離右肘）；然後左掌再前伸，右肘微
屈，右掌回收（此時掌心相錯），附於左臂彎內側，右手
與左肘齊為度（左肘不離右手）；重心在左腳，意在左掌
心；視線由右掌食指尖平遠看。（圖1-51-3）

2. 兩掌回捋

圖1-51-4

重心在左腳，意在左掌心，意想鬆左手、左肘、左肩；沉右肩、墜右肘；鬆腰鬆胯，腰右轉，重心漸後移至右腳；同時兩掌隨勢微走下弧向右後下捋，右掌捋到右膝前，左掌捋到左膝前，右掌附於左臂彎內側，兩掌掌心均朝下，指尖向前；同時右腿微調步後移，鬆力屈膝下蹲，臀部下沉，坐在右腿上方，左腿舒直成仆步，兩腳尖均朝南，兩腳平行在同一條直線上，上身正直鬆立，頂頭懸，面向南；左掌以拇指根引導掩肘，指尖向前，掌心朝右，成立掌，右肘尖紮地，指尖向前，掌心朝左，亦成立掌，兩掌微左移，左肘到左膝前上方，右肘到右膝前上方；重心在右腳，意在右掌心；視線隨左掌食指尖向東平遠看。（圖1-51-4）

第五十二式　金雞獨立

本式共4動。

1. 右掌前掖

身體左轉，左掌指尖向前舒伸，右掌中衝穴找左腕大陵穴，同時，左腳尖外擺四分之一朝正東；右掌指尖前插，右腕大陵穴找左掌中衝穴；右腳鬆力向右橫開，左膝

圖1-52-1

圖1-52-2

前弓，重心移至左腳，成左正步弓勢；繼之左掌回捋至右曲池穴，掌心向右，同時右掌根掖向對方大腿內側血海穴，掌心向外；重心在左腳，意在左掌心；視線隨右掌中指尖左前下看。（圖1-52-1）

2.右掌上掤

重心在左腳，意想沉左肩、墜左肘，左掌自右臂內側（曲池穴）向下舒鬆下按，掌心漸向下，指尖朝右；同時豎腰立頂，左腿直立，右腿鬆力向前提起，膝高與胯平，大小腿夾角約120°，右腳尖上翹外撇；右掌以食指引導，向前上沿外弧邊上掤，邊翻轉掌心朝前下方，高與眉平，左掌經右臂內側按至右膝內側，掌心向下，虎口張開朝右踝。此勢稱「迎門三不過」，又稱「一身備五弓」。重心在左腳，意在左掌心；視線向前平遠看。（圖1-52-2）

3. 左掌前移

　　左膝鬆力，微屈下蹲，右腳跟向右前落地，成左正步坐勢；左掌鬆腕，以食指引導，自襠前向右腹前上方舒伸，同時右臂鬆力，右肘下垂，右掌下落到在右腹前上方的左前臂內側，左掌心向下，虎口朝右，指尖朝右

圖1-52-3

上，右掌心向下，虎口朝左，指尖向左上，附在左臂彎內下方；同時弓右膝，成右正步弓勢，重心在右腳，意在右掌心；視線隨左食指尖動。（圖1-52-3）

4. 左掌上掤

　　動作與本式動作2相同，唯左、右肢互換。

第五十三式　倒攆猴

本式共6動。

1. 右掌反按

　　重心在右腳，沉右肩、墜右肘、鬆右腕；右掌以拇指引導外旋，掌心朝前，同時左肘鬆垂，左掌移到左耳外側，使合谷貼左耳門穴；左腳隨之鬆力下垂，腳尖斜向下；收小腹，右臂回抽，再以右掌根向左腳前下方反按、掖掌（掖掌時上身可前探），指尖朝下，掌心朝東；重心

圖1-53-1

圖1-53-2

在右腳，意在右掌根；視線自右掌食指尖向前下看。（圖
1-53-1）

2. 左掌前按

右掌以拇指引導內旋，摸左腳解谿穴後鬆垂到右胯
旁，掌心向後，再向體側平舉，平肩後掌心向下、向前畫
平圓；同時右膝鬆力，向下蹲身；左掌以無名指引導向正
前按出，左拇指對準右鼻孔，旋腕，虎口朝上；同時左腳
向後撤，以左腿舒直為度，腳尖先著地，腳尖朝向正東，
腳跟外展，左腳逐漸落平，右膝前弓，成右正步弓勢；在
左掌前按的同時，右掌下落至右股骨旁，掌心向下，掌指
朝前；重心在右腳，意在右掌心；視線經左掌拇指向前平
遠看。（圖1-53-2）

3. 左掌下按

動作與第十五式「倒攆猴」動作3相同。

4. 右掌前按

動作與第十五式「倒攆猴」動作4相同。

5. 右掌下按

動作與第十五式「倒攆猴」動作5相同。

6. 左掌前按

動作與第十五式「倒攆猴」動作6相同。

第五十四式　斜飛勢

本式共4動。

1. 左掌上掤　　2. 左掌下将
3. 左腳前伸　　4. 左肩下合

以上四動與第十六式「斜飛勢」各動作相同。

第五十五式　提手上勢

本式共4動。

1. 右抱七星　　2. 左掌打擠
3. 右掌變鈎　　4. 右鈎變掌

以上四動與第十七式「提手上勢」各動作相同。

第五十六式　白鶴亮翅

本式共4動。

1. 俯身按掌　　2. 左轉翻掌

3. 左掌上掤　　4. 兩肘下垂

以上四動與第十八式「白鶴亮翅」各動作相同。

第五十七式　摟膝拗步

本式共2動。

1. 左掌下按　　2. 右掌前按

以上2動與第十九式「摟膝拗步」各動作相同。

第五十八式　海底針

本式共2動。

1. 右掌前指　　2. 右掌下指

以上2動與第二十式「海底針」各動作相同。

第五十九式　扇通臂

本式共2動。

1. 兩掌前伸　　2. 左掌前按

以上2動與第二十一式「扇通臂」各動作相同。

第六十式　撇身捶

本式共2動。

1. 左掌右掤　　2. 右肘下採

以上2動與第二十二式「撇身捶」各動作相同。

第六十一式　上步搬攔捶

本式共4動。

1. 右拳前伸

重心由右腳移至左腳，隨之沉左肩、墜左肘，左肩背後催右胯，右腳上步，腳跟虛著地，成左正步坐勢；左掌覆蓋於右拳眼之上，以左小指為引導，右拳向右前舒伸，沿外弧線自西北隅移至正西；同時右膝前弓，右腳落實，成右正步弓勢，重心移至右腳；繼之沉右肩、墜右肘，右拳自體正前微裏收；同時，鬆腰，提左膝，左腳向前邁出，腳跟著地，成右正步坐勢（意念的順序同第二十三式「卸步搬攔捶」），重心在右腳，意在右拳面；視線自左食指尖向前平遠看。（圖1–61–1）

2. 右拳左搬

右拳在左掌下自體前再向左前十六分之一處外搬；此時弓左膝成左正步弓勢（意念接上動「右拳前伸」的意念），重心在左腳，意在左掌心；視線由左掌食指尖外平遠看。（圖1–61–2）

3. 左掌回捋

動作與第二十三式「卸步搬攔捶」動作3相同。

圖1-61-1

圖1-61-2

4. 右拳前伸

動作與第二十三式「卸步搬攔捶」動作4相同。

第六十二式　上步攬雀尾（6）

又稱「三陰三陽掌」。本式共6動。

1. 右拳鬆轉

動作與第二十四式「上步攬雀尾」動作1相同。

2. 右拳變掌

以右列缺穴為引導，右拳向前、向右伸展，意想拇指蓋、食指蓋、中指蓋、無名指蓋、小指蓋依次貼地；同時右膝前弓，右腳落平，左正步坐勢變為右正步弓勢；右拳漸變為掌，右掌指尖向西北，掌心向上，右掌為一陰掌，左掌仍扶右脈門處隨動，掌心朝下。（圖1-62-1）

圖1-62-1

圖1-62-2

　　以右掌後谿穴為引導向內旋轉，自右掌小指肚至拇指肚依次按地，右掌心翻轉向下，右掌變為一陽掌，左掌仍扶右脈門隨動，掌心翻轉向上，左掌變為一陰掌。（圖1-62-2）

　　左腿鬆力屈膝，重心後移，豎腰立頂，右腳尖翹起，成左正步坐勢；隨勢兩掌回捋到腹前，右掌在前，掌心向下，左掌在後，掌心向上，附在右前臂內側。左膝鬆力，左腿舒直，右膝逐漸前弓成右正步弓勢；同時，右掌翻轉掌心向上前掤，高與肩平，指尖朝前上方，左掌掌心仍向上隨動，附於右前臂內側，右掌心又轉朝上，為一陰掌。此時已有三陰掌。（圖1-62-3）

　　左膝鬆力，重心後移，右腿鬆力，腳尖翹起，成左正步坐勢；同時左、右掌隨勢翻轉，掌心均朝下，左、右掌同時變為陽掌，右掌在前，左掌在後，附在右前臂內側，回採到腹前，此為二陽掌，此時已有三陽掌（圖1-62-4）。繼而右臂外旋上提，右掌心翻轉朝裏，指尖斜向

圖1-62-3　　　　　　　圖1-62-4

上，拇指對左鼻孔，左掌指尖扶右脈門，左掌心向前，指尖向上，成右抱七星狀。隨後左掌打擠，左掌掌心向前推出；鬆腰鬆胯，夾脊找右腳湧泉，右腳落平，右膝前弓，左腿舒直，成右正步弓勢；右臂像斷了似地鬆落於胸前，小指與右肘橫平，掌心向內，指尖向左，而左掌於右脈門處向前扣壓，掌心朝外，指尖朝上，食指尖對鼻尖；重心在右腳，意在右掌心；視線從左掌食指尖上方向前平遠看。

3. 右掌回将

動作與第二十四式「上步攬雀尾」動作3相同。

4. 右掌前掤

動作與第二十四式「上步攬雀尾」動作4相同。

5. 右掌後掤

動作與第二十四式「上步攬雀尾」動作5相同。

6. 右掌前按

動作與第二十四式「上步攬雀尾」動作6相同。

第六十三式　單　鞭

本式共2動。

1. 右掌變鉤　　2. 左掌平按

以上2動動作與第二十五式「單鞭」1、2兩動相同。

第六十四式　雲手360°

本式共6動。

1. 左掌下捋　　2. 左掌平按　　3. 右掌平按
4. 左掌平按　　5. 右掌平按　　6. 左掌平捋

以上6動與第二十六式「雲手」各動相同，只是以腰為軸所轉度數為360°，自北至北。向左轉腰時，左腎上旋，右腎托之，向右轉時左托右。

第六十五式　高探馬

本式共2動。

1. 左掌反採

左掌以小指引導，向左前微舒伸，隨即邊後移身體重心，左掌邊向後反採，掌心翻轉向上，指尖向前，腕與肩平，同時右鉤鬆開，屈臂回收，以右合谷穴貼右耳門穴；

圖1-65-1

圖1-65-2

同時向左轉身，右腳向左扣八分之一，腳尖朝東南，左腳跟微虛起，向回收轉四分之一，腳尖向東，面朝正東，重心在右腳，意在右掌心；視線從左掌食指尖向前平遠看。（圖1-65-1）

2. 右掌前掤

右掌以小指引導，向前微上伸出，以右臂舒直為度，高與肩平，掌心朝下，指尖朝左；同時提頂長腰，右腿直立；左掌收至上腹前，掌心朝上，指尖朝右；左腳收到右腳左前，腳尖著地，腳跟對右腳內踝，成丁虛步，重心在右腳，意在右掌無名指根節之後；視線從右食指尖向正前平遠看。（圖1-65-2）

第六十六式　撲面掌

本式共2動。

圖1-66-1　　　　　　　圖1-66-2

1. 右掌回採

沉右肩，墜右肘，右膝微屈；右掌以小指引導滾轉下落，逐漸翻轉，掌心向上，手背往回採，沿下弧線移到左肋下，指尖朝左；右手背回採至掌心到左肘之下時，鬆左膝，左腳向大約30°的前方上步，左腳跟著地，成右正步坐勢；隨即左掌由右臂彎處向上托，左掌掌心斜向上，指尖向前，拇指對鼻尖；重心在右腳，意在右掌背；視線隨右手回收後自左食指尖上方向前平遠視。（圖1-66-1）

2. 左掌前按

左掌以食指引導從右臂彎中穿出，向右前伸展，再以小指引導，掌心逐漸翻轉向外（正東）、向前按出，掌指斜向上，食指遙對鼻尖，右掌回採到小指根側貼於左肋，掌心向上，掌指朝左；同時，弓左膝成左順步弓勢，重心在左腳，意在左掌根和承山穴；視線由左掌食指尖向前平遠視。（圖1-66-2）

圖1-67-1　　　　　　　　圖1-67-2

第六十七式　十字擺蓮

又稱「單擺蓮」。本式共4動。

1. 左掌右将（雙龍盤玉柱）

左掌以食指引導，向右将到正南（四分之一），掌心向外，指尖朝右（意想拇指入地小指紮天）；同時，左腳尖裏扣四分之一，腳尖向南偏西，大於90°；右掌隨身動；重心在左腳，意在左掌心；視線隨左掌食指尖動。（圖1-67-1）

2. 左掌右轉

左掌繼續向右轉到右耳外側，掌心仍朝外，右掌掌心仍向上，隨體移動，沉右肘微向左伸展；同時身隨左掌向右轉四分之一，面朝正西，右腳尖與右胯順正，右腳跟收回虛起，身坐於左腿，重心在左腳，意在左肘尖（少海）向南紮；視線正西平遠看。（圖1-67-2）

圖1-67-3

圖1-67-4

3. 右腳上提

右膝微提，右腳以大趾為引導向左前方上提（右胯要向右後抽），高不過胯；同時，左掌以食指引導向右前方舒伸，腕與肩平，掌心向下，右掌不變；重心在左腳，意在左掌心，視線正西平遠看。（圖1-67-3）

4. 右腳右擺

右腳向右上方擺動，以擺到腳尖遙對鼻尖；同時意想手比腳長，左掌以食指引導向前方（正西）舒伸，與腳相遇，擊右腳面（擊響），掠過右腳面外側後左掌繼續左外旋轉，左腕鬆力，向左上走外弧收提至左耳門，指尖鬆垂，右掌鬆沉到體右側，掌心朝左，指尖向斜下；右腳落地於右前方，腳跟著地，成左正步坐勢，重心在左腳，意在左掌心；視線正西平遠看。（圖1-67-4）

第六十八式　摟膝指襠捶

本式共4動。

1. 左掌摟膝

動作與第四十式「上步
搬攔捶」動作1相同，方向
相反。

2. 右掌前按

動作與第四十式「上步
搬攔捶」動作2相同，方向
相反。

圖1-68-1

3. 左掌上掤

重心前移，左腿直立，豎腰立頂；右臂向前舒伸，掌
心向下，掌指向前，高與肩平；身隨掌起，右腿鬆力向前
提起跟步，與左腳併成自然步；微立身後沉右肩，墜右
肘，腰右轉，右掌向上、向後走外上弧，掌心向外；重心
漸移於右腳，左腳跟虛起；左掌自左體側隨右轉腰向體前
上掤，掌心向右，指尖向前，高與肩平，重心在右腳，意
在右掌心；兩眼隨右食指尖向右後平遠看。（圖1-68-1）

4. 右拳指襠

隨腰右後轉，右掌繼續向右後走外弧，到高於肩時開
始自小指至拇指依次虛握，至食指鈎屈時，擺頭朝前；同

時上左腳，腳跟落地，成右
正步坐勢；右拳收到右肋
側，拳心向上，拳眼向右；
左膝前弓，右拳自右肋側向
前下方舒伸到左膝前，拳眼
向上，左掌扶於前臂內側，
掌心向下；成左正步弓勢，
重心在左腳，意在左掌心；
視線隨右拳食指中節向正前
下看。（圖1-68-2）

圖1-68-2

第六十九式　上步攬雀尾（7）

又稱「四陰四陽掌」。本式共6動。

1. 右拳上轉

右拳向左前十六分之一處上方舒伸，翻轉上起，拳心向
上；左掌仍扶於右前臂內側不變，沉左肩，墜左肘；右腳鬆
力向前上步，腳跟虛著地，成左正步坐勢，重心在左腳，意
在左掌心；視線隨右拳食指中節平遠看。（圖1-69-1）

2. 右拳變掌

以右列缺穴為引導，右拳繼續向左前十六分之一處上
方移動，並逐漸向右伸展，意想拇指蓋至小指蓋依次貼
地，右拳漸變為掌，掌心向上，指尖朝西北，右掌為一陰
掌，左掌扶右脈門處隨動，掌心朝下；同時右腳落平，左
正步坐勢變為右正步弓勢。（圖1-69-2）

圖1-69-1

圖1-69-2

圖1-69-3

圖1-69-4

　　以右掌後谿穴為引導向內旋轉，右掌自小指肚到拇指肚依次按地，右掌心翻轉向下，右掌變為一陽掌，同時左掌在原位翻轉，掌心向上，左掌變為一陰掌；體重後坐，重心邊後移左腿，右掌邊向右腹前下採（圖1-69-3），而左掌則向前舒伸上掤，繼而左掌內旋再變成掌心向下，向左腹前下採，左掌又成為一陽掌（圖1-69-4）。到此

圖1-69-5　　　　　　　圖1-69-6

共出現過二陰掌、二陽掌。此時重心移左腳，右腳跟虛起，成左正步坐勢。

　　繼續收腹鬆腰，左腿鬆力屈膝，重心完全集於左腳，右腳尖翹起，成左正步坐勢；兩掌回採到腹前，沉肩墜肘鬆腕，兩掌向外翻轉，掌心均向上，變為二陰掌；隨即左腿舒伸，右膝前弓；兩掌向前向上舒伸，高與肩平，右掌在前，左掌附在右臂彎內側，兩掌相對位置不變；此時由左正步坐勢逐漸變成右正步弓勢。此時已出現過四陰掌。（圖1-69-5）

　　繼而左膝鬆力，重心再次後移，右腿鬆力，腳尖翹起，成左正步坐勢；同時左、右掌隨勢翻轉，掌心朝下，向腹前回採，兩掌變為二陽掌，相對位置不變，右掌在前，左掌在右臂彎內側。此時已出現過四陽掌。（圖1-69-6）

　　右掌採到腹前外旋上提，右掌心翻轉朝裏，指尖斜向上，拇指對準左鼻孔，左掌回採到腹前，輕扶右脈門，掌

心向前，指尖向上，成右抱七星狀；隨後左掌打擠，掌心向前推出；鬆腰鬆胯、夾脊穴找右腳湧泉穴，脊背後倚，右腳落平，右膝前弓，左腿舒直成右正步弓勢；同時右臂像斷了似的橫落於胸前，小指與右肘橫平，掌心向內，指尖向左，微內旋，而左掌於右脈門處向前微扣壓（稱推切掌），掌心朝外，指尖朝上，食指尖對鼻尖；重心在右腳，意在右掌心；視線從左掌食指尖上方向前平遠看。

3. 右掌回捋

動作與第二十四式「上步攬雀尾」動作3相同。

4. 右掌前掤

動作與第二十四式「上步攬雀尾」動作4相同。

5. 右掌後掤

動作與第二十四式「上步攬雀尾」動作5相同。

6. 右掌前按

動作與第二十四式「上步攬雀尾」動作6相同。

第七十式　單　鞭

本式共2動。

1. 右掌變鈎　　2. 左掌平按

以上2動與第二十五式「單鞭」1、2兩動相同。

第七十一式　下　勢

本式共2動。

1. 右掌下捋　　2. 兩掌回捋

以上2動與第五十一式「下勢」1、2兩動相同。

第七十二式　上步七星

本式共2動。

1. 右掌前掤

動作與第五十二式「金雞獨立」動作1相同。但右掌為立掌，不是向外掤掌，掌心向左而不向外。

2. 兩掌上掤

圖1-72

左掌以食指引導上提，以合谷穴找右耳門穴，掌心向右，指尖向上，右掌以食指引導往前上舒伸，同時左掌隨之向胸前鬆落，使兩腕交叉，右掌在外，掌心向左，左掌在內，掌心向右，兩腕與肩平；同時，立腰，鬆右膝，右腳向正前方邁出，腳跟著地，成左正步坐勢（左掌到位後，左鼻孔吸氣，把右掌、右腳同時吸到位）。右腳上步動作稱「雞蹬步」，重心在左腳，意在左掌心；視線先隨右掌食指，兩腕交叉後由兩掌中間向正前平遠看。（圖1-72）

圖1-73-1

圖1-73-2

第七十三式　退步跨虎

本式共2動。

1. 兩掌前伸

兩腕鬆力，兩掌分開（外緣與肩同寬）向前舒伸，掌心均朝下（雙掌白蛇吐信，襲對方雙目）；同時鬆腰鬆胯，沉肩墜肘，右腳回收直往後撤到極度，腳尖著地，重心仍在左腳，意在左掌心；視線由兩掌中間向前平遠看。（圖1-73-1）

2. 兩掌回捋

兩掌外旋，掌心相對並虛合，向左下回捋到左小腿外側（申脈）；同時，右腳以前腳掌為軸，腳跟向北（內）扣轉四分之一使腳尖朝南，右腳落實，右腿屈膝，身向後坐，重心移至右腳，同時左腿伸直，左腳尖翹起，繼之，豎腰立頂，由左正步弓勢變為右正步坐勢（圖1-73-2）。

圖1-73-3　　　　　　　圖1-73-4

然後身隨步轉，面朝正南；同時，右掌鬆腕內旋，自左腿
外側經胸前上提，使右掌合谷穴貼右耳門穴，掌心斜朝左
下，指尖向前下（圖1-73-3）；隨豎腰立頂、右轉腰，左
掌五指併攏變鈎，自左小腿外側（申脈）向內翻轉，掌心
向後，伸到極度，鈎尖向下，繼之右掌以無名指引導向前
（正南）舒伸，高與肩平，掌心朝左，拇指遙對鼻尖，拇
指尖向上紮天，小指向下入地，其餘三指併攏前指，同時
左鈎手再外旋，鈎尖向前，掌心朝上；翹起的左腳尖裏扣
（朝南），左腳鬆力，提起到右腳內前側，腳尖虛著地，
成丁虛步。重心在右腳，意在右掌心；視線先隨右掌食指
尖轉朝正前（南），再擺頭向東（左）平遠看（前掌後鈎
占前後一線；右掌拇指、小指占上下一線；視線占左右一
線；三向線占全，則產生極大內力）。（圖1-73-4）

第七十四式　回身撲面掌

本式共2動。

圖1-74-1　　　　　　　　　圖1-74-2

1. 右掌回捋

右掌掌心翻轉向下，腕與肩平，以食指引導向右轉四分之一（正西）；身隨掌轉，面朝正西，同時，右腳跟微裏收，左腳跟微外展，腳尖虛著地；左手鈎隨動不變，左臂彎微鬆屈；重心仍在右腳，意在右掌掌心；視線隨右掌食指尖平遠看。（圖1-74-1）

2. 左掌前按

左臂彎繼續鬆力，左鈎漸變為掌，掌心向上，左掌以食指引導經左肋、貼胸前，向右上方斜伸到右臂彎，同時右掌掌心漸轉向上，以右中指的中衝穴找左腹側的氣衝穴，左掌繼續向前伸長；同時鬆提左膝，左腳向右腳左前側上步（左膝內側挨近右膝），腳跟著地，成右正步坐勢（圖1-74-2），弓左膝收右腳跟，成左順步弓勢；同時左掌向前按出，掌心向前，指尖向上，左掌食指尖遙對鼻

圖1-74-3

尖；右腿按根、中、梢的順序蹬、蹬、蹬，左臂按根、
中、梢的順序鬆、鬆、鬆；右掌回收到左肋前，掌心向
上，指尖朝左；重心在左腳，意在左掌心；視線隨左食指
尖動。（圖1-74-3）

第七十五式　轉身雙擺蓮

本式共4動。

1. 左掌右捋

　　重心在左腳，沉左肩墜左肘，鬆腰收腹，腰向右轉，
面朝北，同時以左腳跟為軸，左腳掌向右扣轉四分之一，
腳尖朝北偏東，右腳跟微虛起內收，腳尖朝西偏北，腳掌
著地，與左腳成丁虛步；左掌以食指引導，隨右轉腰向右
捋（圓轉），掌心朝外，小指紮天，拇指入地，其餘三指
向右，使左外勞宮穴找右耳門穴，右掌隨動，仍在左肋
旁，掌心斜向上，指尖斜朝下；重心在左腳，意在左掌

圖1-75-1

圖1-75-2

心；視線自左掌食指尖向右後平遠看。（圖1-75-1）

2. 右掌上掤

右後轉腰，右掌隨腰右轉，以食指為引導，自左肋下經左臂下緣循外弧線向右上斜掤到正北偏東，掌心朝上，指尖斜向北偏東，隨腰繼續右後轉，沉左肩墜左肘，向下鬆腰坐胯；同時右手向上舒伸（稱抽身長手），右掌走上弧線向上、向右掤至頭右側上方，掌心朝西，指尖向上，左掌隨動到右臂彎處，掌心向東，指尖朝右；同時，右腳跟繼繼內收，腳尖著地，朝向東北，兩腿的兩陰陵泉穴相貼，成一字步，身體面向正東；隨即右掌心轉朝東，指尖自上向體右側鬆落，高與肩平，掌心朝東，指尖向右（這叫「放鍘刀」），左掌隨之落到右臂彎內側下方，掌心轉向西，指尖朝右；重心在左腳，意在左掌心；視線自右掌拇指尖向右平遠視。（圖1-75-2）

圖1-75-3　　　　　　　　　圖1-75-4

3. 右腳上提

收腹，腰微左轉，沉左肩，鬆右胯，右膝鬆力微提，右腳以大趾為引導向左前上方提起（右胯向後抽），高不過胯；同時，左掌以食指引導，向右前下方舒直，高與胯平，掌心向裏；重心在左腳，意在左掌心；視線向前平遠看。（圖1-75-3）

4. 右腳左擺

腰微左轉，蓄勁後向右轉腰，右腳自左前向右上方擺動，高與鼻尖相對；同時，兩掌微右移，再隨左轉腰向前向左擺動（意想手比腳長），先後兩次拍擊右腳腳面外側；兩掌與右腳相掠後，左腿微屈下蹲，右腿向東南隅鬆落，腳跟著地，腳尖朝東，成左隅步坐勢；同時，隨左轉腰，兩掌向左後方（西北隅）舒伸，左掌在前，腕與肩平，右掌在後，附於左臂彎，兩掌心均朝下；重心在左

腳，意在左掌心；視線自左掌食指尖向西北隅平遠看。
（圖1-75-4）

第七十六式 彎弓射虎

本式共4動。

1. 兩掌回捋

　　兩掌向體右前下方回捋，捋按到左膝前時，右腳落平，腳尖朝東（左腳尖亦朝東）；繼續向右捋（如撈稻草），右掌捋到右環跳時，兩掌變拳，兩肘鬆力，提腕坐腕，兩拳上提，右拳位於右耳外側，拳眼向下，左拳位於右胸前，拳眼向上，兩拳眼上下相對，右拳在上，左拳在下，相距約一肩寬；此時弓右膝，成右隅步弓勢，身隨拳轉，面向正南，重心在右腳，意在右拳；視線先隨左掌食指，到正前時隨右掌食指，變拳後隨右拳食指根節動。
（圖1-76-1）

2. 兩拳俱發

　　右拳從右耳之上，沿上弧形線向左前方八分之一（東北）發出，高與頭維穴平，拳眼斜向下，左拳隨動，亦向左前發出，高與胸平，拳眼向上，兩拳拳眼相對；同時意想右肘與左膝合，右肩與左胯合，左肘與

圖1-76-1

右膝相合,左肘對正右膝,
接近垂直,左前臂成水平,
拳面向左前方;重心仍在右
腳,意在右拳面;視線從右
拳食指根節向左前遠方看。
（圖1-76-2）

3. 兩掌回捋

右肘鬆沉,兩拳漸變為
掌,指尖斜向上,掌心朝

圖1-76-2

外,向右後上方（西南）做弧形移動,立身鬆腰,兩掌伸
到極度時,右掌與肩平,左掌在右肋前,兩掌心皆朝下;
鬆左膝,左腳向左前八分之一處（東北）伸出,腳跟著
地,成右隅步坐勢;然後兩掌向體前右前下方捋按,到右
膝前時,左腳落平,腳尖朝東;兩掌繼續向右捋（如撈稻
草）,左掌捋到右環跳時,兩掌變拳;兩肘鬆力,提腕坐
腕。兩拳上提,左拳提到左耳外側,拳眼向下;右拳位於
左胸前,拳眼向上;兩拳眼上下相對,左拳在上,右拳在
下,兩拳距離與肩同寬;身隨拳轉,面向正東;弓右膝,
成右隅步弓勢,重心在右腳,意在右拳,視線先隨右掌食
指尖,到正前方時隨左掌食指尖,變拳後隨左拳食指根節
動。（圖1-76-3）

4. 兩拳俱發

動作與本式動作2相同,唯左右肢互換。方向東南。
本式兩拳俱發的方向為東北。（圖1-76-4）

圖1-76-3

圖1-76-4

第七十七式 上步錯捶

本式共2動。

1. 左拳翻轉

左拳拳心漸翻向上（想合谷旋轉），掩左肘，左臂微前伸，到正前為止，拳與肩平，右拳隨之拳心漸轉向下，附在左臂彎內側下方；身隨拳轉，腰右轉，體朝正前，重心仍在左腳，仍為左隅步弓勢，意在左拳；視線隨左拳食指中節，拳到正前時，從左拳拇指向前平遠看。（圖1-77-1）

圖1-77-1

圖1-77-2

2. 右拳前伸

沉左肩，墜左肘，腰微左轉，鬆右膝，右腳向右前上步，腳跟著地，成左正步坐勢；同時，右拳自左臂彎內側下方移到左臂彎之上，向前舒伸，左拳微回收，兩拳相錯，拳心相對，令右拳之指甲心伸到左拳之指甲根處為度；同時，右腳落平，右膝前弓，重心移至右腳，成為右正步弓勢，意在右拳；視線由右拳食指末節平遠看。（圖1-77-2）

第七十八式　攬雀尾（8）

又稱「五陽錯捶」。本式共6動。

1. 進步壓肘

重心在右腳，意在右拳，沉左肩、墜左肘，重心微左移，左膝微屈，左肩背後催右胯，左肘背後催右膝，右膝

鬆力，提右腳，走外弧，右腳跟落於左腳的正前（正東）方，扣腳落步，套索對方雙腿，左腳跟裏收，兩腳腳尖均朝北，成馬步，身隨步轉，面向正東，右腳上步的同時兩拳相對錯轉，兩拳相合，右拳在上，拳心朝下，拳眼朝裏，左拳在下，拳心向上，拳眼朝外，向正

圖1-78

東壓右肘，以肘平為度；重心偏右腳，意在右肘尖；視線隨右肘而動。（圖1-78）

2. 左掌打擠

　　右轉腰，重心右移，鬆左腿，以左腳跟為軸，向右（正東）扣左腳，腳尖朝東，重心再移於左腳，沉左肩、墜左肘，右腳跟虛起裏收，向右（南）橫開步，腳跟著地，右腳尖翹起成左正步坐勢，身隨步轉，面朝正東；兩拳隨腰右轉漸變為掌，右掌在上，掌心朝下，指尖向左，左掌在下，掌心向上，指尖向右，兩掌左右相錯，兩腕大陵穴上下相合，再以大陵穴為軸，兩掌相對外旋錯轉，變為左掌在上，掌心朝外，指尖向上，撫於右脈門，右掌在下，掌心朝內，指尖斜向上，右掌拇指遙對左鼻孔，成右抱七星狀。

　　右膝前弓，右腳落平，左腿舒直，成右正步弓勢，重心在右腳，方向正東；隨右膝前弓，右腕像斷了似地自動

橫落於胸前，右掌心向內，指尖向左，左掌撫於右脈門，向正前打擠，左掌食指遙對右鼻孔，擠時右前臂微內旋，左掌微向前下扣（稱推切掌），掌根透過右脈門；意想夾脊合右湧泉，脊背後倚，意在右掌腕；視線隨左掌食指尖向前平遠視。

3. 右掌回捋　　4. 右掌前掤
5. 右掌後掤　　6. 右掌前按

以上4動動作與第二十四式「上步攬雀尾」動作3、4、5、6相同，唯方向相反。

第七十九式　單　鞭

本式共2動。

1. 右掌變鈎　　2. 左掌平按

以上2動與第二十五式「單鞭」動作1、2相同，唯方向為正北。

第八十式　上步錯掌

本式共2動。

1. 左掌左伸

左掌鬆腕，微向左舒伸，中指與拇指一合，再向右舒伸，形成右鈎腕打；重心右移，成右側弓步，然後左轉腰，以左腳跟為軸，腳尖外擺；掌隨腰動，左掌向左後微移，左掌指向前，掌心向下；弓左膝，重心漸移左腳；左

圖1-80-1　　　　　　　　　圖1-80-2

掌邊前伸邊翻掌心朝上，同時右鈎漸變掌，沉右肘屈右
臂，右掌合谷穴貼右耳門穴，以食指引導，右掌沿胸前向
左舒伸至左臂彎內側下方，指尖向前，掌心朝下；重心集
於左腳，右腿鬆力，右腳跟虛起外展，腳尖著地，成左正
步弓勢，身隨掌轉，面朝正西，重心在左腳，意在左掌
心；視線隨左掌食指尖向前平遠看。（圖1-80-1）

2. 右掌前伸

沉左肩，墜左肘，鬆右膝，右腳向前上步，腳跟著
地，成左正步坐勢；同時，右掌自左臂彎內側移至左臂彎
之上，向前舒伸，右掌中指中衝穴找左腕大陵穴，再繼續
前伸，右腕大陵穴達左掌中指中衝穴，兩掌相錯，右掌在
上，掌心向下，指尖朝前，左掌在下，掌心向上，指尖朝
前；同時右腳落實，右膝前弓，成右正步弓勢，重心在右
腳，意在右掌心。視線隨右掌食指尖動。（圖1-80-2）

第八十一式　攬雀尾（9）

又稱「五陰錯掌」。本式共6動。

1. 進步壓肘

重心在右腳，意在右掌心，沉左肩墜左肘，重心微左移，左膝微屈，左肩背後催右胯，左肘背後催右膝，右膝鬆力，提右腳，走外弧，右腳跟落於左腳的正前（正西）方，腳跟著地，扣腳落步，套索對方雙腿，左腳跟裏收，兩腳尖均朝西南，成馬步，身隨步轉，面向正南；右腳上步的同時，兩掌相對錯轉，掌心相合，右掌在上，掌心向下，指尖朝左，左掌在下，掌心向上，指尖朝右，向正西壓右肘，以肘平為度；重心偏右腳，意在右肘尖；視線隨右肘而動。（圖1–81）

2. 左掌打擠

右轉腰，重心右移，鬆左腿，以左腳跟為軸向右（正西）扣腳，腳尖朝西；重心再移於左腳，沉左肩、墜左肘，右腳跟虛起內收，再向右（北）橫開步，腳跟著地，成左正步坐勢，同時身隨步轉，面朝正西；兩掌隨右轉腰左右相對錯掌，使兩腕大陵穴上下相合，再以

圖1–81

大陵穴為軸，兩掌相對外旋錯轉，變為左掌在上，掌心朝外，指尖向上，撫右脈門，右掌在下，掌心朝內，指尖斜向上，右掌拇指遙對左鼻孔，成右抱七星狀。

右膝前弓，右腳落平，左腿舒直，成右正步弓勢，重心在右腳，方向正西；隨右膝前弓，右腕像斷了似地自動橫落於胸前，右掌心向內，指尖朝左，左掌撫於右脈門向正前打擠，左掌食指遙對右鼻孔；擠時右前臂微內旋，左掌微向前下扣（稱推切掌），掌根透過右脈門；意想夾脊找湧泉，脊背後倚，意在右掌腕；視線隨左掌食指尖向前平遠視。

3. 右掌回捋　　4. 右掌前掤
5. 右掌後掤　　6. 右掌前按

以上4動動作與第二十四式「上步攬雀尾」動作3、4、5、6相同。

第八十二式　單　鞭

本式共2動。

1. 左掌變鉤

與第二十五式「單鞭」動作1相同。

2. 左掌平按

與第二十五式「單鞭」動作2相同。

第八十三式　合太極

本式共6動。

圖 1-83-1　　　　　　　　圖 1-83-2

1. 右鈎變掌

左腕放鬆，左掌向左伸長，掌心朝下，指尖伸展，右鈎鬆腕變掌，掌心向下，指尖向右伸；同時，重心漸移右腳，左腳跟虛起，意在右掌心；視線先隨左食指尖動，再由平遠處轉向右掌食指尖。（圖1-83-1）

2. 兩掌上掤

沉肩墜肘，右掌以拇指引導，意想拇指、食指、中指肚托天，掌心漸向右上方翻轉；轉到掌心朝上時，身隨掌起，左腳收到右腳旁，腳內緣約距10公分；同時左掌虛隨，與右掌成相同動作，兩掌上掤到正前方腕部交叉，左掌在外，掌心向右，右掌在內，掌心向左，指尖均向上；重心集於右腳，意在兩掌指尖（兩食指尖頂著兩個旋轉球）；視線由交叉兩掌中間向前上平遠看。（圖1-83-2）

圖1-83-3

圖1-83-4

3. 兩肘下垂

鬆踝、提膝、鬆腰、沉胯，向下蹲身，鬆肩、墜肘，兩肘向下鬆垂，兩臂左右交叉成斜十字，橫於胸前，以兩腕高與肩平為度；重心在兩腳，意在兩掌指尖；兩眼由交叉兩掌的中間向前平遠看。（圖1-83-3）

4. 兩側頂肘

兩肘同時鬆力，向左、右平分兩掌，掌心漸翻轉向下，想兩合谷穴分別找兩側肩井穴，兩掌亦隨之漸分漸落，使之與肩平；重心不變，意在兩掌合谷；視線自左肘尖平遠看。（圖1-83-4）

5. 兩掌合下

鬆兩肩，沉兩肘，兩掌隨之下落，當落到胸前時，使兩掌中指尖相接觸，繼之食指尖相接觸，最後拇指尖相接

圖1-83-5

圖1-83-6

觸；兩眼從兩環中間下視，似從一半透明的球體中透視下方，然後使兩環下落扣於神闕穴上（稱三環套月），當略低頭下視半透明的球體時，則上開玉枕關。（圖1-83-5）

6. 太極還原

兩腳踝鬆力、提膝、頭頂懸、豎腰立身；兩掌分別落於股骨兩側，掌心向下，十指向前，下按空氣，由反作用使身體自然立起；兩眼離開食指尖向正前平視；繼之兩肩鬆力（如灰皮脫落），兩肘鬆力，兩手腕鬆力，想像手指甲由拇指至小指依次脫落；調息三次，一呼一吸為一次調息（拳式呼吸），吸氣時，肚臍回貼命門，內氣從照海穴經陰蹻脈到會陰，再到丹田，呼氣時，命門催開肚臍，內氣從丹田到會陰，再到環跳，由陽蹻脈到解谿穴，氣收解谿穴。收勢。（圖1-83-6）

第二章

三十七太極拳
授課實錄

王培生　傳

趙　琴　講授

第一節　三十七式太極拳動作名稱

預備式

第一式　起　勢

　1. 左腳橫移　　2. 兩足落平　　3. 兩腕前掤　　4. 兩掌下採

第二式　攬雀尾

　1. 左抱七星　　2. 右掌打擠　　3. 右抱七星　　4. 左掌打擠
　5. 右掌回捋　　6. 右掌前掤　　7. 右掌後掤　　8. 右掌前按

第三式　摟膝拗步

　1. 左掌下按　　2. 右掌前按　　3. 右掌下按　　4. 左掌前按
　5. 左掌下按　　6. 右掌前按

第四式　手揮琵琶

　1. 右掌回捋　　2. 左掌上掤　　3. 左掌平按　　4. 左掌上掤

第五式　野馬分鬃

　1. 左掌下採　　2. 左肩左靠　　3. 右掌回捋　　4. 右肩右靠

第六式　玉女穿梭

　1. 右掌翻轉　　2. 左掌斜掤　　3. 左掌反採　　4. 右掌前按
　5. 左掌右轉　　6. 右掌斜掤　　7. 右掌反採　　8. 左掌前按
　9. 兩掌內合　　10. 右掌下採　　11. 右腳橫移　　12. 右肩右靠
　13. 右掌翻轉　　14. 左掌斜掤　　15. 左掌反採　　16. 右掌前按
　17. 左掌右轉　　18. 右掌斜掤　　19. 右掌反採　　20. 左掌前按

第七式　肘底看捶

1. 上步按掌　　2. 左拳上提

第八式　金雞獨立

1. 雙掌滾轉　　2. 右掌上掤　　3. 雙掌滾轉　　4. 左掌上掤

第九式　倒攆猴

1. 右掌反按　　2. 左掌前按　　3. 左掌下按　　4. 右掌前按
5. 右掌下按　　6. 左掌前按　　7. 左掌下按　　8. 右掌前按
9. 右掌下按　　10. 左掌前按

第十式　斜飛勢

1. 左掌斜掤　　2. 左掌下捋　　3. 左腳前伸　　4. 左肩左靠

第十一式　提手上勢

1. 半面右轉　　2. 左掌打擠　　3. 右掌變鈎　　4. 右鈎變掌

第十二式　白鶴亮翅

1. 俯身按掌　　2. 向左扭轉　　3. 左掌上掤　　4. 兩肘下垂

第十三式　海底針

1. 左掌下按　　2. 右掌前按　　3. 右掌前指　　4. 右掌下指

第十四式　扇通背（臂）

1. 兩臂前伸　　2. 左掌前按

第十五式　左右分腳

1. 兩掌虛合　　2. 兩掌右伸（左探馬掌）　　3. 右掌回捋
4. 兩掌交叉　　5. 兩掌高舉　　6. 兩掌平分

7. 兩掌虛合　　8. 兩掌左伸（右探馬掌）　　9. 左掌回捋
10. 兩掌交叉　　11. 兩掌高舉　　　　　　　　12. 兩掌平分

第十六式　轉身蹬腳

1. 兩拳交叉　　2. 提膝轉身　　3. 兩掌高舉　　4. 兩臂平分

第十七式　進步栽捶

1. 左掌下按　　2. 右掌前按　　3. 右掌下按　　4. 左掌前按
5. 左掌前按　　6. 右拳下栽

第十八式　翻身撇身捶

1. 右拳上提　　2. 右肘下採

第十九式　二起腳

1. 翻掌出步　　2. 兩掌右伸　　3. 右掌回捋　　4. 兩掌交叉
5. 兩掌高舉　　6. 兩掌平分

第二十式　左右打虎勢

1. 兩掌合下　　2. 兩拳並舉　　3. 兩掌回捋　　4. 兩拳並舉

第二十一式　雙風貫耳

1. 兩拳高舉　　2. 兩掌平分　　3. 兩掌下採　　4. 兩拳相對

第二十二式　披身踢腳

1. 兩拳右轉　　2. 兩拳交叉　　3. 兩拳高舉　　4. 兩掌平分

第二十三式　回身蹬腳

1. 左腳右轉　　2. 兩拳交叉　　3. 兩拳高舉　　4. 兩掌平分

第二十四式　撲面掌

1. 左掌滾壓　　2. 右掌前按　　3. 右掌下按　　4. 左掌前按

第二十五式　十字腿（單擺蓮）

1. 左掌右轉　　2. 左掌繼續右轉　　3. 右腳上提　　4. 右腳右擺

第二十六式　摟膝指襠捶

1. 右掌下按　　2. 左掌前按　　3. 左掌下按　　4. 右拳前下指

第二十七式　正單鞭

1. 翻拳上步　　2. 右掌前掤　　3. 右掌後掤　　4. 右掌前按
5. 右手變鈎　　6. 左掌平捋

第二十八式　雲　手

1. 左掌下捋　　2. 左掌平按　　3. 右掌平按　　4. 左掌平按
5. 按掌變鈎　　6. 左掌平按

第二十九式　下　勢

1. 右掌前掤　　2. 兩掌回捋

第三十式　上步七星（上步騎鯨）

1. 右掌前掤　　2. 兩掌上掤

第三十一式　退步跨虎

1. 兩掌前掤　　2. 兩掌回捋

第三十二式　回身撲面掌

1. 右掌回捋　　2. 左掌前按

第三十三式　轉身擺蓮（雙擺蓮）

1. 左掌右轉　　2. 雙掌沉採　　3. 放鍘刀　　4. 右腳提起
5. 右腳右擺

第三十四式　彎弓射虎

1. 兩掌右擺　　2. 兩拳俱發　　3. 兩掌左擺　　4. 兩拳俱發

第三十五式　卸步搬攔捶

1. 退步右搬（錯捶）　　2. 退步左搬　　3. 右掌右攔

4. 右拳平衝

第三十六式　如封似閉

1. 兩掌分攔　　2. 兩掌前按

第三十七式　抱虎歸山（十字手　收勢）

1. 兩掌下按　　2. 兩掌橫分　　3. 兩掌上掤　　4. 兩肘沉採

5. 兩肘平分　　6. 太極還原

第二節　三十七式太極拳動作分解

　　吳式太極拳 37 式是王培生先生於 1953 年在吳式太極拳 83 式的基礎上改編的。它不是簡化太極拳，而是去掉 83 式中重複動作，由 83 式濃縮而成。經過至今半個世紀的實踐，教與學的效果都非常好。

　　37 式太極拳是學練吳式太極拳的必修課，特別是王培生先生門下均必須學練 37 式。

　　吳式拳是在楊式拳的基礎上發展起來的。最早是正白旗吳福氏老先生全佑，後傳給他的兒子吳鑒泉先生和徒弟王茂齋先生（吳氏第二代），人稱南吳北王，第三代是楊禹廷先生。

吳式拳是長壽拳。楊禹廷先生活到96歲，吳鑒泉先生的女兒吳英華女士活到92歲，馬岳樑先生活到99歲，吳圖南先生活到104歲。王宗岳《太極拳論》中說：「欲天下眾英豪益壽延年，不徒作技藝之末耳。」即是說，練拳是為健康長壽，技擊是第二位的。太極拳老少皆宜，練拳求健康，提高生活品質。

　　太極拳37式共37個式子、178動。練拳之前要做預備式（不在37式中），準備什麼呢？日常生活中有清醒態和睡眠態，練功有第三種狀態稱為行功態（氣功態），既非清醒也非睡眠，預備式就要達到這種氣功態。這種狀態用鬆、靜二字概括。鬆：指形體鬆，全身肌肉、韌帶、關節都要放鬆；靜：思想上要靜，無雜念，完全進入練功狀態後，一心一意練拳，其他信息不能進入頭腦中，對外界事與人視而不見，聽而不聞。如何達到鬆靜，手段有三調：調形、調息、調神。

　　欲要三調，先安排好身形，為此做到以下五點：

（1）面南而立

　　太極圖是「易經」的圖像，符號是八卦。「易經」是天人之學，仰觀天文，俯查地理，中通人間萬物。它是研究大自然規律的。天是大自然，人與大自然密切相關，人離開大自然不能生存。大自然有變（如四季變化），有不變（如每年均有四季）。人必須適應大自然，人要適變、應變。順乎後天自然，求先天自然。面南而立就是要人與宇宙、與大自然說話。

　　人的後背督脈，屬陽（從會陰—尾閭—長強—大椎—

百會—人中—齦交），人的前面是任脈，屬陰（承漿—天突—上、中、下脘—神闕—氣海—會陰）。大自然的北為「坎中滿」屬陽，南為「離中虛」屬陰，根據同性相斥異性相吸的原理，練拳是練氣。面南而立，則我們練的氣場不被宇宙氣場吸走，人感到舒服，心曠神怡，如面北而立，則感到彆扭、不舒服。練拳要練明白拳，明陰陽哲理，要知其然也要知其所以然。

（2）兩眼向前平遠視，神意內斂

不接受外界事物干擾，面前有人似無人。

（3）搭鵲橋

將任、督二脈接上，舌頂上齶，此為大小周天通的先決條件。

（4）兩臂自然下垂，中指輕貼於風市穴

能治風濕等病，不強調治病，有輔助作用。

（5）兩腳平行

相距5～10公分或曰一拳寬，兩腳平行，兩腎俞相合，腰呈圓柱形，否則腰是扁的。吳式拳是川字步，兩腳平行。

以上從頭到腳安排好，下面做預備式。

預備式

（1）調　形

全身放鬆，全身節節貫穿，對拉拔長，全身關節拔開有間隙，關節放鬆能發揮出身體潛力（攻防均要鬆）。

如何鬆？全憑心意下功夫。想皮與肌肉分離、肌肉與骨分離，感到全身有膨脹感。節節貫穿，對拉拔長，上肢、兩手十指梢節、中節、根節順序紮地，前臂不動，腕關節往下拔，上臂不動，肘關節往下拔，最後肩關節往地下拔，兩足大趾往前頂，踝關節往上拔，膝關節往上拔，胯往上拔。人體腰椎五節、胸椎十二節、頸椎七節。腰椎、胸椎均想逆時針向上旋轉拔開，但頸椎不能這樣，要想下頜緩緩回收。

（2）調　息

一吸一呼謂之息，我們要的是拳式（逆式）呼吸。吸氣時肚臍回收貼命門，大椎骨節節起來。呼氣時命門催開肚臍，大椎骨節節落下來。外氣是鼻孔呼吸，內氣從丹田到會陰再到環跳到陽蹻脈到大足趾入地植根。共調息三次。

（3）調　神

要求無雜念、心靜，什麼都不想，做到這樣是很不容易的。可以專心致志想一個點，專心練拳。調神是在調形、調息之間完成的。一念破萬念，意守破雜念。（圖2-0-1）

圖2-0-1

圖2-1-1

在調形、調息、調神後，使其達到鬆靜，達到鬆空圓活的妙趣。如李道子所說：「無形無象，全身透空。」

第一式　起　勢

本式共4動。

1. 左腳橫移

身體重心右移，才能抬起左腳。這時走太極圓的運動，以尾閭為圓心定位，鼻尖與尾閭間距為半徑向右走一弧線，是為「右盼」，走一上螺旋線。鼻尖對右足大趾大敦穴，此時右腳掌實左腳跟虛，是半個太極。再以鼻尖為圓心定位尾閭走一弧線，使之對正右足跟（實際是照海穴），是為「左顧」，走一下螺旋線。這時右腳實（陰）左腳虛（陽），符合陽哲理，左腳可以移了。

太極的特點是動哪不想哪，否則即患雙重，欲想左腳橫移，就想沉右肩墜右肘，想右手粘地入地三尺；此時眼

圖2-1-2

圖2-1-3

往前遠方放，頭頂天，右腳入地，左腳自然向左橫移，左腳大趾著地不著力。做此動作時，上下、前後、左右全占到了，也就是占到了三維空間。（圖2-1-1—圖2-1-3）

2. 兩足落平

左腳要落實，想右手紮入右申脈外10公分處，依次想

圖2-1-4

圖2-1-5

右手5、4、3、2、1指對應左腳1、2、3、4、5趾依次落地，想右手掌心、左腳心落地，想右掌根、腳跟落地。此時深呼吸一口氣，非常舒服。此動作體現了身體結構方面的交互神經和太極的上下相隨。（圖2-1-4）

【用法】推右肩不想右肩，想左胯與右肩合。反之推左肩，想右胯與左肩合。同時意想頭頂天，腳入地，這叫「豎破橫」，即可巋然不動，對方反被彈出。

3. 兩腕前掤

想兩手食指如鑽頭內旋紮地，食指為軸，四指為輪，兩臂隨之內旋，兩掌心轉向北，五指微攏回夠大陵穴，突出陽池穴，兩手向前、向上掤起，比肩略高，低於耳垂。（圖2-1-5）

【用法】對方攥我兩腕，我丟面打點。當我五指微攏回夠大陵穴時，突陽池填滿對方手心，接觸對方勞宮（為陰），意在對方腳踝申脈（為陽），眼神透過對方看遠處

圖2-1-6

圖2-1-7

一點,即「超其象外,得其
寰中」,對方即被掤起。
(圖2-1-6、圖2- 1-7)

4. 兩掌下採

圖2-1-8

想外勞宮穴穿透內勞宮
穴,由十宣穴引伸,兩掌向
前下方伸展到與肚臍等高
時,由中衝穴抽到少海穴
(即肘尖),想兩肘尖水平
貼地向後拉(意肘不離地),兩掌沉採至股骨兩側,同時
兩腿屈蹲、提膝、鬆胯、鬆腰、沉肩、墜肘。(圖2-
1-8)

【用法】對方攦我手腕,我用少海穴貼地往後拉,即
「擊其首,則尾應之」,對方即被採向前栽。(圖2-
1-9、圖2-1-10)

圖2-1-9　　　　　　　　圖2-1-10

第二式　攬雀尾

本式共8動。

古諺曰：「怯敵者必敗，輕敵者必敗。」這話適用於兩軍交鋒，也適用於個人的技擊。如何解決怯敵與輕敵的兩種心態？太極拳「攬雀尾」一式，命名釋義就解決了這個問題。把對方擊來之手比喻為鳥雀之尾來看待，既不怯敵也不輕敵，把自己的手比喻為繩索之柔，用之旋轉，隨對方手臂的屈伸、上下、左右的動向而纏繞，即粘連黏隨，不使其逃脫，變被動為主動。

1. 左抱七星（掤手）

所謂七星，即頭、肩、肘、手、胯、膝、足七個活關節，其位置恰似北斗七星之狀。上式結束時為馬步，重心在兩腳（未分陰陽），當左臂呈弧線上掤時，意想右腕上提，左踝沉重；右肘上提，左膝沉重；右肩上提，左胯沉重（形未動），這時左腳已為陰了，左臂即為陽（交互神

經）。這時意想外三合，會陰穴自然向右移動，左臂前上掤起，同時以左手拇指為軸、四指為輪陽掌逐漸轉為陰掌（掌心向內），左手拇指肚對正右鼻孔，異性相吸把右掌（陽掌）吸了上來，右手中指中衝穴撫於左臂彎曲池穴，拇指遙對膻中，兩拇指前後呼應；這時重心已到右腳（為陰），則右臂為陽，意念轉到右臂，沉右曲池穴，沉右

圖2-2-1

肩，右肩向右後上方有靠意；右肩催左胯，左腳自然向前伸出，腳尖翹起回鉤鼻尖，腳跟著地不著力，身形呈右坐步；眼神從左手拇指上方平遠視，感覺右掌心與左腳心輕微蠕動，左腿發熱發脹。（圖2-2-1）

【用法】對方擊來右拳，我則以左前臂粘其右肘，同時左腕微內旋，對方即被掤起，同時以右腕粘其左腕，使其右臂僵不能彎曲，處於敗勢。（圖2-2-2、圖2-2-3）

圖2-2-2

圖2-2-3

圖2-2-4

圖2-2-5

2. 右掌打擠

意想鬆右肩、墜右肘，右肘催左膝，左膝弓；右掌移至左掌脈門處相貼，這時鬆左掌小指，左腕像斷了一樣自動橫落於胸前，左掌掌心向後，指尖向右，同時食指為軸，四指為輪，左腕微後旋，右掌心向前，貼於左手脈門，指尖朝天，右手同時按向左腳；與此同時左腳落平，左膝前弓，膝尖垂直於左腳大趾大敦穴，右腿在後蹬直，形成左弓箭步，重心在左腳；意想夾脊穴與左湧泉穴相合，實際湧泉穴有騰起向上與夾脊穴相合之意，背脊有微向後倚之意。（圖2-2-4）

【用法】接上動。對方被掤起時，其根已斷、氣已散，用擠勁（推切手）發之，發力點在右小腿承山穴，眼神平遠視，對方隨之仰跌。（圖2-2-5、圖2-2-6）

3. 右抱七星

右掌掌根沿左掌拇指向右前上方移至指尖處；視線從

圖2-2-6

正南遠觀八方線，到西南，到正西，右手追眼神；同時左腳腳跟為軸，腳尖微翹起扣向正西，這時重心在左腳，扣左腳困難，竅門是盡力收小腹，則左腳會順利扣向正西；右掌以拇指為軸，向前漸伸漸轉至正西，掌心翻轉朝內變為陰掌，拇指遙對鼻尖，調整右腳，右腳跟虛著地，腳尖翹起，呈左坐步式；左掌隨右掌翻

圖2-2-7

轉往下，左拇指撫於右臂曲池穴。要領與左抱七星同。此動是以手追眼神而出掤勁。是神打，而非意打。（圖2-2-7）

右抱七星的另一種練法：

重心在左腳；左掌心沿右前臂到肘尖，意想左掌往右腳心裏塞，想托起右腳，同時左腳以腳跟為軸，腳尖扣向正西，身隨步轉，亦轉向正西；這時左合谷穴找右曲池穴，

圖2-2-8

圖2-2-9

左掌心翻轉向下；同時右腳以腳尖為軸，腳跟一收，右腳尖也朝向正西；左肘找右膝，合後即開，借開勁，右掌以小指引導，前臂外旋，右掌變陰掌，右拇指對正鼻尖，左肩背後找右胯（後三合）；右腳尖翹起，呈右抱七星式。此動是以意出掤勁。此是意打，而非神打。（圖2-2-8、圖2-2-9）

4. 左掌打擠

與本式動作2相同。略。

5. 右掌回捋

右臂向右前方舒伸，想右拇指托天，指心（十宣穴）前伸一尺二，依次想食指、中指、無名指、小指托天，放出一尺二，右掌心自然反向地面，變為陽掌，左手中指扶在右脈門處，自然跟右手旋轉，手心翻轉朝天變為陰掌；這時右掌與左腳呼應（交互神經），左腳虛起，有離地之意；繼想右手小指撓地（有意無形），左腳大趾著地，再想無名指梢第

一節先往前伸，再回鈎（有意
無形），左腳二趾著地，右手
中指撓地，左腳三趾落地，右
手食指劃自己眉攢到眉梢，左
腳四趾著地，再想右拇指少商
輕拂地，想右掌心右掌根，則
左腳心左腳跟著地。右臂回捋
舒直，與右足小趾上下垂直
時，身體後坐，重心漸漸移至
左腳（圖2-2-10）。這時左腳

圖2-2-10

為實為陰，左手為虛為陽。意念用左手粘右脈門（左手為
主動，右手為被動），帶動右肘尖（少海）經右腿外側右
陽陵泉穴，到後委中穴，再繞到右陰陵、左陽陵、左膝
前，再到左陽陵，走一S路線。墜右肘轉動時，右手和腰也
隨之輕轉，想右肩井穴背後找左環跳穴（後三合）（圖
2-2-11、圖2-2-12），腰轉到極度，再想左肩井穴從身體

圖2-2-11

圖2-2-12

圖2-2-13　　　　　　　　圖2-2-14

圖2-2-15

前面找右環跳穴（前三合）（圖2-2-13—圖2-2-15），右肘尖（少海）紮向右後下，左右手陰陽掌互換，想左手心扒右腳心，右腳翹起。

【用法】打擠時，對方抓住我右腕，此時我右腕外旋，橫扣其外關穴，將左手手指微貼其手指，手接觸對方手腕，丟掉接觸點，想其足內踝照海穴，意想自己右肘尖隨

腰下旋，對方即被捋出前跌。

6. 右掌前掤

意想左肩井穴，經背後找右環跳穴，把右手送出；身體轉向西南，再轉向正西，重心轉到右腿；再想右肩與左胯在身前合，一合就開，開就是放鬆，這叫肩打靠，是意動；然後想右肘與左膝在身前合，一

圖2-2-16

合即開，這叫肘打；再意想右手與左腳合，右手心要托起左腳心，腳有起意，手也起；手向外展開到右手與右腳小趾垂直為度，右手五指指甲蓋依次貼地（從拇指到小指），左腳有起意。（圖2-2-16）

【用法】對方被拿起後，欲往後退時，則用左掌托其肘關節，右掌朝下按其腕，對方手臂僵直，這時向斜前方將其掤出。

7. 右掌後掤

接前動。右掌旋向右前方（西北）後，虎口張開，繼向右後走外弧線，意想右手指肚由小指到拇指順序依次托天，由指尖放出一尺二，左手撫於右脈門隨動；由右弓步式過渡到左坐步式；右手食指指向東北，掌心與耳門穴等高，外旋時圓心在會陰穴，意想尾閭絭地畫弧，帶動右少海、右環跳；重心轉到右腳時，尾閭帶胯肘，勁源自上手。（圖2-2-17）

圖2-2-17

圖2-2-18

圖2-2-19

【用法】對方攻我上部時，我用右掌粘其前臂，左掌粘其腕，同時身體右後旋，眼神隨食指尖轉動放出，走八方線，對方即被拿起。（圖2-2-18、圖2-2-19）

8. 右掌前按

意想左肩與右胯合（前三合），右手拇指自動找右地

倉穴，上下相隨，坐手腕的同時翹右腳踝，腳尖翹起，步隨身換，意想右掌拇指再找左地倉穴；這時重心在左腿，左手為陽，意在左手粘著右手走，左手為主動，右手為從動；右腳自動扣向正南，右掌心朝東南，右腳落平形成丁八步，重心仍在左腳；右掌推向東南，如推一

圖2-2-20

堵牆，掌不動，身形向後靠出，重心移向右腳（出靠勁）；右掌拇指引導由東南→南→西南旋按出，意在玉枕穴；眼向西南平遠視；右手拇指與右腳小趾上下垂直。（圖2-2-20）

【用法】對方被粘起時，我扣右腳尖，轉身按出，眼神平遠視，對方即被放出。

攬雀尾八動，體現了太極拳八法，見於形的掤、捋、擠、按四正手，含於意的採、挒、肘、靠四隅手。每一動都有虛實變化，虛腳不浮，實腳不滯。

第三式　摟膝拗步

本式共6動。

本式名稱來源於術語，即左腳在前而推右掌或右腳在前而推左掌，形成左右交叉式，稱之為「拗步」。拳法中講「以手過膝蓋或下按膝蓋等動作稱為『摟膝』」，是破敵下路的方法。亦有沉採對方上三路之意，手走弧線，擊

其肘關節，使其前栽。

1. 左掌下按

先鬆右手腕，鬆右手大陵穴（鬆垂），右手上抬，右合谷穴找耳門穴（當右手抬至右雲門穴，再上抬困難時，右手無名指摳一下手心，右手自然就上去了），因體重在右腿，右腿為陰，

圖2-3-1

則右手為陽，此時只想右手合谷穴找耳門穴，左掌自然下落，左掌心向下，重心仍在右腿；目視由左手食指指甲蓋到前下方一點（三點成一線）。

此一動體現動哪裏不想哪裏，左掌下按，想右手上提，這才能避雙重。（圖2-3-1）

【用法】如對方用右腳向我腹部踢來，即以左掌對準其膝蓋骨向下按，意在右合谷穴找耳門穴，使對方自行倒退而告失敗。

如對方抓著我左腕，我意在右手合谷穴上提找耳門穴，左手自然將對方採向前栽。（圖2-3-2、圖2-3-3）

2. 右掌前按

左手在左膝蓋上方，右耳門穴貼右手合谷穴時，身體上下一條線，全憑左右轉，意想右肩（肩井穴）背後找左胯（環跳穴），左腳橫移，左腳跟虛著地面；身體左轉至耳門貼右合谷穴時，右手無名指指肚發脹（得氣），以無

圖2-3-2

圖2-3-3

名指引導，如線頭穿針引線向前穿；想右肘（曲池穴）找左膝（陽陵泉穴）時左腳落實，然後想右手（勞宮穴）找左腳（湧泉穴）時，蹬右腳面東，兩腳成川字步，弓左腿，左手在左胯旁；此時無名指完成任務，右中指引導坐腕，右中指微向前上方立起（45°），再以右手食指第一橫紋定位不動，旋腕（外旋）旋到右拇指與右食指第一道橫紋在同一水平面上，右手在胸前中心一線上，右手拇指對準鼻左翼；兩眼平遠視。（圖2-3-4）

此勢完成時弓左腿，重心在左腳（為陰），左臂為陽，所以意念在左手。拳經上有「隨曲就伸」，意想左肩井穴、左勞宮穴都往曲池穴上縮（隨曲，根節、梢節

圖2-3-4

圖2-3-5

圖2-3-6

往中節送），左肘尖往後桼，後腿（右）由委中穴往環跳穴、承山穴送（就伸，中節往根節、梢節送），右掌往前一凸，再一收，就可將推我右手之人發出去。（圖2-3-5、圖2-3-6）

【用法】對方以右腳踢來落空之後，必向前下方落步，這時我進左步緊貼其右腳內側（鎖住對方），同時發右掌擊其前胸或面部，對方即應手跌出。

3. 右掌下按

意想左手合谷穴找耳門穴，同時右掌自動向前下方按出，掌心向下；兩腳位置不變，仍為左弓步。右掌下按，如摸左膝，但意念在左掌心。下按時人如鞠躬樣，頭頸、軀幹、臀、右腿在一條直線上（斜中寓直），重心在左腳；目光由右手食指指甲蓋到前下方與地面交點。

【用法】與本式動作1相同，只是左右對換。

4. 左掌前按

右腳跟步到左腳旁，陰陵泉穴相貼，接著右腳向前邁正步，腳跟著地，下盤移步時要做到邁步如貓行，如履薄冰；此時目視前方，豎腰立頂（稱懶羊抬頭）；左手以無名指引導，向前穿針引線，想左肩找右胯，右腳跟落實，左肘找右膝時，右腳掌落實，左手找右腳時，腳趾落實，弓右腿，右手在右胯旁，手心向下。此時左手無名指完成任務，左中指引導坐腕，左五指微向前上方立起約45°，再以左手食指第一橫紋定位不動，外旋腕至左拇指與左食指第一道橫紋在同一水平面上，左手在胸前中心線上，左手拇指對準鼻右翼；眼平遠視。（圖2-3-7）

此勢完成時弓右腿（為陰），右臂為陽，所以意念

圖2-3-7

放在右掌上，意想右肩井穴、右勞宮穴都往右曲池穴上縮（隨曲，根節、梢節往中節送），右肘尖往後紮，後腿（左）由委中穴往環跳、承山送（就伸，中節往根節、梢節送），左掌往前一凸，再一收，就可以將推我右手之人發出去。

【用法】與本式動作2相同，只是左右對換。

5. 左掌下按

與本式動作3相同，左右對換。略。

6. 右掌前按

與本式動作4相同，左右對換。略。

第四式　手揮琵琶

本式共4動。

兩手一前一後，前後擺動滾轉，好似揮彈琵琶的樣子，故取此名。

1. 右掌回捋

前一動是左弓步，右掌在前，重心在左腳上，左腳為陰，左手為陽，右掌（陰掌）回捋不想右掌，意念放在陽掌左手上，想後三合（從身後邊合），即想左肩找右胯，左肘找右膝，左手找右腳；右膝微屈，身體自動往後坐，重心到右腿上；右掌自己往後撤，想右手拇指找膻中穴，此時掌心向左，右手2、3、4、5指斜向上，左腳尖要紮地，左腳跟懸起來；眼向前平遠視。（圖2-4-1）

圖2-4-1

圖2-4-2

【用法】對方將我右手腕刁捋並向後拽時，被拽的右手不可用力抵抗，只是意想後三合，則對方拽不動自己，反被拽回來了。但此時絕不可翹左腳尖，如翹左腳則內勁盡失，所以左腳尖要紮地。

2. 左掌上掤

左掌為陰，意想右掌下採，為主動，左掌就掤上來了，為從動；定勢時是左抱七星，左腳尖翹起，沉右肩墜右肘；眼神順左手拇指上平遠視，重心在右。（圖2-4-2）

【用法】對方用右拳打來，我則以左臂粘其右肘，並以右掌粘其右腕，使其右臂伸不直，不讓其彎曲，這時對方即被拿起來，失去重心，任我發放。

3. 左掌平按

前一動左掌為陰，右掌為陽，右轉腰、弓左步時陰陽掌互換，意想右掌翻轉向上托左腳心，左掌自然掌心翻轉

圖4-4-3

朝向地面，左掌為主，左指尖向右前方，左掌（陰掌）產生向下的按勁，這是左掌平按。（圖4-2-3）

然後左掌反按，左掌內旋，掌心轉向外，左手拇指、食指、中指摳對方左翳風穴（在耳後），想右腳五趾抓地，即左手掌以食指引導從右前方向左前方移動，左轉腰，左掌心斜向下，右掌掌心向上貼近左臂彎處；重心在左腿，左腳摳地；眼從左手指尖看出去。

【用法】對方攥我右手腕，我則掩右肘，右掌由陽變陰（旋腕）同時肘尖（少海）找膻中穴，隨之左掌向右前下方先壓其右肘（左掌平按）則其向前斜傾（圖2-4-4、圖2-4-5）。左手反按時，用左掌中指尖找對方左耳後的

圖4-4-4

圖4-4-5

圖4-4-6

圖4-4-7

翳風穴，貼住後想其右翳風，即從左翳風穿透到右翳風。

4. 左掌上掤

　　想左手拇指、食指、中指指肚托天，左臂外旋，手心斜向上，左手中指與眉梢等高；右腳跟到左腳旁，立身，重心仍在左腳；同時右手心向下，右手與肚臍等高，左轉腰（東偏北），右掌不動，身體左轉後，右掌到右側帶脈的位置，左臂至左前上方；眼神順左手食指方向向上看，意在左掌心。（圖2-4-6）

　　【用法】如對方右臂已被我拿直，其身體成背勢不得力而欲逃脫時，我以左掌心向上托著對方之右臂肘關節，同時右掌心向下粘其右腕的活關節，左右兩掌上下一齊動，撅其肘關節（反關節），對方被拿起。（圖2-4-7）

第五式　野馬分鬃

　　本式共4動。

本式為象形動作，以身之軀幹比喻為馬之頭部，將四肢比喻為馬的頭鬃，兩臂左右、一上一下擺動和兩腿左右、一前一後向前邁進時，手足左右交織之動作，猶如野馬奔騰，形成馬頭之長鬃向前後、左右搖擺之狀態，故名。

1. 左掌下採（回捋）

轉體向正前；左掌擋住視線，眼睛仍前視，左掌自落插向兩腿之間（插在襠前），手心向右，手指向下，同時右手指尖斜向上；手心向左上抬至右手與眼平時，意想右肘尖與左膝合，右手外勞宮穴找左耳門穴，整個動作如虎洗臉狀。重心移至右腿，身體直著下蹲，以上三動同時完成，眼從右手臂向左前方看。向左擺頭，橫跨隔步，意想右肩後沉催左胯，左腳自動向左前方邁出隔步，腳跟著地，腳尖翹起，頭向左腳邁出方向看；同時左手背貼右腿陽陵泉穴，邁左腳和左手摸右腿陽陵泉穴，形成對稱的勁（隔步：兩腳橫向間隔為 1.5 腳長，前後距離為半腳）。（圖2-5-1）

【用法】此勢破打嘴巴。如對方以左手打我右嘴巴時，我則以右手輕輕一托其左肘（或左手根節腋下），抽身長手，使其左手落空，隨之進左步鎖其雙腳，形成待發之勢。（圖2-5-2、圖2-5-3）

圖2-5-1

圖2-5-2

圖2-5-3

2. 左肩左靠

左腳踏平，弓左腿，左手向前上走得慢（手心向上），右手向後下走得快（手心向下），快慢是相對而言，因向前上行程短，向後下行程長，但要求同時到位。在弓步時兩掌相錯，即弓步錯掌。當左手小指與左耳等高時，右轉腰，眼神領著右手如寫「一」字，拉到右手勞宮穴與右腳申脈穴上下成垂直線；眼睛向右手中指延長線與地面交點看（眼、右手中指、右手中指延長線與地面交點，三點一線，兩臂約呈180°。這時，左手中間三指拉緊後腳中間三趾，形成卦象乾三連）；後掌微旋，想後掌虎口朝下，掐著後腳脖子。此勢結束時，左右臂自然伸直，左手心斜向上，右手心向下。定式時，意想玉枕穴，對方即被靠出。（圖2-5-4）

【用法】進左肩貼緊對方左腋下，然後弓步，套鎖其右腳，兩臂左右分開，眼看後手（右手）中指指尖，這時

圖2-5-4

圖2-5-5

圖2-5-6

左肩產生向外打靠的巨大力量，使對方觸之即倒退，跌出很遠。（圖2-5-5、圖2-5-6）

3. 右掌回捋

眼睛不看右手，看右膝，手追眼神摸右膝，眼看左膝，手追眼神，摸左膝，跟右步，右腿到左腳內側，同時

左手虎洗臉狀，左手外勞宮穴找右耳門穴，向右方擺頭，出隅步，右腳跟落地，同時右手背摸左陽陵泉穴。

4. 右肩右靠

與本式動作2相同，只是左右對換。略。

第六式　玉女穿梭

本式共20動。

本式動作柔緩，環行四隅，如織女織錦運梭一般，故名。

1. 右掌翻轉

左手追眼神，眼神躲手，摸左膝、右膝，同時右手以食指為軸（商陽穴滾轉），其餘四指為輪，以拇指指甲托天，食指、中指、無名指依次托天；右臂內旋，變手心向下，意念由小指沿前臂外沿到少海穴，至左手掌心托右肘；眼看左手中指；這時左腳跟至右腳旁（陰陵泉穴相貼）；眼看左手中指，中指不讓看，右臂掩肘（右臂橫屈於胸前，再向右外側掩肘），想少海穴向右外；此時左腳向左前方橫跨隅步，腳跟著地，重心在右腿，意在右肩井穴。（圖2-6-1）

圖2-6-1

【用法】對方將我右手

圖2-6-2

圖2-6-3

腕捋住並往後拽，我則放鬆，以右手食指為軸，四指為輪，臂內旋，眼神看手尖、肘尖，右肘尖貼地（意）向右後移動，則將對方之根帶起，上隅步鎖其右足，再斜掤，將對方掤出。臂如長山之蛇，腕為蛇頭，肘為蛇尾。對方抓住腕（頭），以肘（尾）擊之。（圖2-6-2、圖2-6-3）

2. 左掌斜掤

左手心向上，眼神走八方線到東北方，左手追眼神，意想左手指甲蓋貼地，依1、2、3、4、5指的順序從體前呈螺旋狀向左前方舒伸，出一尺二，至東北方向，右手心向下放在左手脈門處；同時弓左步。此為神打（眼神）。（圖2-6-4）

圖2-6-4

【用法】如對方向我胸部打來，我則上左步鎖其後腿，左掌向前伸至與對方左肋靠近，隨即向左後方用斜掤勁發出，是破中平手法的招式。

左掌斜掤的另外一種練法：

左掌斜掤時，想右掌5、4、3、2、1指，五指依次按地（因重心在右腳，右手為陽、為主動，左手斜掤為被動）。變弓步時，重心由右到左，左掌為陽，意到左掌指甲蓋，貼地順序是1、2、3、4、5指，到極度時，想一想肚臍（神闕），合一下大敦。（圖2-6-5）

圖2-6-5

圖2-6-6

3. 左掌反採

意想左手指肚托天，虎口圓撐，依次為5、4、3、2、1指，左掌走左外弧線，向左後上方移動至北弧線圓心在左臀外側一點，同時坐步（重心在右腿）；沉肩墜肘時立腰豎頂，兩掌均向正北亮掌，兩掌指向上，手心向外（北），左手與頭維穴等高，右手拇指與左肘等高，重心在右，左腳跟著地，腳尖翹起。（圖2-6-6）

【用法】對方用右掌向我頭部打來，我則用左掌粘住他的左前臂下邊，然後左腕外旋，用手心上托，同時上身往後一坐，即將對方拿起。

左掌反採的另外一種練法：

左少海穴由左陽陵泉穴繞到左委中、左陰陵、右陰陵，從膝前又繞到右陽陵，已呈坐步，重心到右腳；想右肘合左膝（一個下弧線），再想右肩合右胯（弧線由下轉向上），右掌催左肘向上，左手與頭維穴等高，兩掌均向正北亮掌。

4. 右掌前按

左手心托天，左手食指指絲竹空穴（眉梢處），右掌從正北、東北、正東按出；弓左步，氣衝穴壓腹股溝。（圖2-6-7）

【用法】當左掌將對方拿起後，隨之發右掌向對方腋下空檔處按出，此為破上面來手之法。（圖2-6-8—圖2-6-10）

5. 左掌右轉

又叫「雙龍盤玉柱」，人體如漢白玉柱子，兩臂如兩條龍盤在柱子上。右臂鬆力，變右掌心向上（臂外旋）靠近左肋為陰，左手心斜向下為陽，左手小指托天，拇指紮地，中間三指併

圖2-6-7

圖2-6-8

圖2-6-9

圖2-6-10

攏，產生旋力，想左手合谷穴找右耳門穴，使身體自動右轉，旋轉時（右腳掌為軸，右腳跟內扣）扣左腳掌（左腳跟為軸，左腳掌內扣），體轉向南（或南偏西），兩陰陵泉穴相貼，重心始終在左腿，當身體右轉感到困難時可收小腹；左掌心向下，如陽龍（在右肩上方）右旋要上天，右掌心向上（在左肋處）為陰龍左旋要入地；眼看西北

圖2-6-11

圖2-6-12

圖2-6-13

（開門）。（圖2-6-11）

【用法】對手從後面抱住我時，我如柱子般體右轉，兩臂如龍盤在柱子上，只要身子一轉就使對方被甩出去。（圖2-6-12、圖2-6-13）

6. 右掌斜掤

眼神從西北、西、西南、南、東南走八方線，左手追

圖2-6-14

眼神（輕撫八方線），從西北向西、西南、南、東南按
出，手心向下；當左手到東南時，右腳向西偏北邁出；同
時右手心向上移至左腋下，隨體右轉，右手沿左臂的治
癰、少海、神門從東南向西偏北斜掤；弓右腿，左手經右
脈門到右曲池處時，扣左腳（腳尖向正西）。（圖2-
6-14）

右掌斜掤的另一種練法：

與左掌斜掤練法一樣，只是左右相反。

【用法】與本式動作2相同。略。

7. 右掌反採

與本式動作3相同，只是左右對換。

8. 左掌前按

與本式動作4相同，只是左右對換。

圖2-6-15

圖2-6-16

9. 兩掌內合

後坐步（重心在左腿），翹右腳掌，兩陰陵泉穴相貼；兩臂如右抱七星狀。此動定式如「爻」字，也稱六爻。（圖2-6-15）

【用法】對方用左掌擊我胸部時，我先用右臂肘關節貼住其左肘，並用左掌腕部粘住其左手腕部之後，同時往自身的左後方微微向上一提，即將對方拿起來，或是「隨坐步使對方下蹲」。（圖2-6-16）

10. 右掌下採　　11. 右腳橫移　　12. 右肩右靠

以上3動為一個「野馬分鬃」。

13. 右掌翻轉

與本式動作1相同。

14. 左掌斜掤

與本式動作2相同。

15. 左掌反採

與本式動作3相同。

16. 右掌前按

與本式動作4相同。

17. 左掌右轉

與本式動作5相同。

18. 右掌斜掤

與本式動作6相同。

19. 右掌反採

與本式動作7相同。

20. 左掌前按

與本式動作8相同。

第七式 肘底看捶

本式共2動。

本式名稱為術語，兩掌均變拳，在肘下的拳為主，也稱看式，指防守的意思，而上面的拳（捶）是攻擊之法，

也是處於等待之勢,故名。

1. 上步按掌

兩虎口圓撐,上左步,
當弓左腿時,左手如叼著對
方手腕,所謂叼只用拇指和
食指;右手如捋著對方前臂
隨腰向下,兩掌走弧線下
按,左手在左胯旁,右手在
左膝前(虎口向前),兩手
之間距離始終不變。(圖2-7-1)

圖2-7-1

【用法】對方用左掌打我胸部,我用右手捋著對方臂
部,意想對方右胯,用左手叼住其左腕,意想對方右踝,
同時上體微前傾(加大臂力),左右兩掌叼捋其左臂朝身
之左側沉採,使對方向前撲跌。此動俗稱「叼攬手」。
(圖2-7-2、圖2-7-3)

圖2-7-2

圖2-7-3

2. 左拳上提

　　兩掌變拳，左肩背後找右胯（後三合），後坐步（重心在右）；左拳先變拳心向上，從左肋下向右斜上方伸出，左食指中節與鼻尖等高，拳心向自己，同時右拳在左肘下，收小腹則右拳眼自動貼左肘尖，左肘尖自動沉到右拳眼。（圖2-7-4）

圖2-7-4

　　【用法】後三合時，對方前傾，送貨上門，我左掌從左肘向前上方擊打對方下頜，至右拳眼與左肘尖相貼為度（單托雙落），可令其下頜脫臼。（圖2-7-5、圖2-7-6）

圖2-7-5

圖2-7-6

圖2-8-1

第八式　金雞獨立

本式共4動。

本式是以一條腿支撐體重，而另一條腿屈膝垂懸不落地，形如雞之單腿獨立狀，故名。

1.雙掌滾轉

兩拳同時變掌，坐步變弓步（弓左腿），左掌在前，掌心向上，虎口圓撐朝前，如掐對方咽喉，右掌從腹前向右、向前、向左後走一弧線，右掌伸到左肘下，掌心向下，虎口朝後，有一扣壓動作（右手與右肘尖在同一水平線上），氣衝壓腹股溝，眼向後看右腳照海穴；意在左掌掌心。（圖2-8-1）

【用法】對方用左拳向我前胸打來，我用右手腕部反扣其腕部躬身，右肘壓其左肘（扣壓肘），同時以左手捏其咽喉。此式亦稱「黃鶯掐嗦」，在八卦掌中叫「老僧托缽」。（圖2-8-2、圖2-8-3）

圖2-8-2

圖2-8-3

2. 右掌上掤

兩掌均以中指為軸，四指為輪轉動，左臂內旋變手心向下，右臂外旋變手心向上；右掌以食指尖引導貼左臂下，向左上方舒伸（右掌上掤），至百會穴上方，但仍不失沉肩墜肘，氣沉丹田，指尖向上，手心向左，身隨臂起（重心在左腿，右腳尖需著地）；左手向前指，手心向右，指尖向前；當左手下指時，提起右膝，提右膝不想提右膝，而是想左掌夠右腳跟，左手心向右，右腳尖自然下垂，左手指尖下指紮地，猶如一條腿支撐地面；眼向正前方平遠視。（圖2-8-4）

圖2-8-4

【用法】對方以右掌向我面部打來，我則以左手刁其右腕，同時以右臂粘住對方右臂內側向上挑伸，再提起右膝，撞擊對方襠部。使用此法要慎重，最好知之不用為妙（右掌挑對方極泉穴，右膝挑對方下肢內側，使其翻跌，而不撞其陰部，此謂武德）。（圖2-8-5）

圖2-8-5

3. 雙掌滾轉

左膝鬆力向下蹲身，右膝下落腳跟著地（即屈膝落步）。其餘同動作1，只是左右對換。

4. 左掌上掤

與本式動作2只是左右對換。

第九式　倒攆猴

本式共10動。

定式如摟膝拗步，但是倒著走，以退為進，將對方所來的直力化為傾斜或打旋而令其敗退，而我之勢形成追趕之勢，故名。

1. 右掌反按

左掌合谷穴找左翳風穴（在耳後），右掌向前掖掌，

圖2-9-1

圖2-9-2

肚臍回貼命門收小腹，然後右臂內旋，右掌如摸左腳解谿穴，然後從體前向右走立圓至體右側，右腕與肩平，掌心向下。（圖2-9-1）

【用法】對方以右掌擊我前胸，我以左掌粘其右腕，找自己翳風穴，再以右掌掌根擊其腹部，意想其尾閭，出透力。

2. 左掌前按

右掌從體右側向前走平圓至體前，右腿屈蹲，左腳收至右腳內側，陰陵泉穴相貼，再向後撤步，前腳掌著地；右掌向左轉摟左膝後，掌心向下到右胯旁，左掌以無名指引導向正前方按出；右膝成右弓步式，左腳落平；眼從左掌拇指向正前方平遠視，意在右掌心。（圖2-9-2）

【用法】對方以右手抄摟我左腳，我以右手心粘捋住對方右手腕向後、向右再向下沉採，使對方上身前傾失去重心，再以左掌擊其面部或左肋（腋下神經處）。

圖2-9-3

圖2-9-4

3. 左掌下按

後坐步（重心在左），翹右腳尖；左掌下按摸右膝
（若摸右膝摸不著，提右掌夠翳風就摸著了）、左膝，體
左轉，左掌至體左側與肩平，手心向下（左手走一立
圓），同時右手從任脈向上至翳風穴。做此動時，注意立
腰豎頂，不可彎腰凸臀，丟頂。（圖2-9-3）

【用法】對方以右拳打我面部，我以左掌刁捋其右臂
向前下方按，同時坐左腿，將對方向左後下方沉採，使對方
失去重心前傾，再以右掌擊其面部或右肋（腋下神經處）。

4. 右掌前按

與本式動作2相同，只是左右對換。

5. 右掌下按

與本式動作3相同，只是左右對換。（圖2-9-4）

6. 左掌前按

與本式動作4相同，只是左右對換。

7. 左掌下按

與本式動作3相同。

8. 右掌前按

與本式動作4相同。

圖2-9-5

9. 右掌下按

與本式動作3相同，只是左右對換。

10. 左掌前按

與本式動作4相同，只是左右對換。

第十式　斜飛勢

本式共4動。

本式的兩臂分合閉張等動作，好像大鵬展翅，斜行飛翔於上空，故名。

1. 左掌斜掤

兩虎口圓撐，兩臂內旋（左掌心向左前上方斜轉，右掌心向右後下方轉，實際是由轉腰帶動的，即右腎托左腎，帶動兩臂內旋）；重心仍在右腳（為陰）；視線由左

圖2-10-1

圖2-10-2

掌食指尖，注視左前上方某一點，意在右掌心（為陽）。
（圖2-10-1）

2. 左掌下将

左掌以小指引導走左外下弧線，向右移到襠前，掌心
向右，指尖向下，右掌以食指引導走外上弧線，向左移到
左耳外側，掌心向左，指尖向上（如「虎洗臉」所走路
線）；重心仍在右腳；視線向正前方平遠視，意在右掌
心；此時左腳跟步，陰陵泉穴相貼，左腳虛著地。（圖
2-10-2）

【用法】破雙打嘴巴。對方先用右掌打我左臉，我以
左掌虎口粘截其臂彎處。用此法時，非左掌用力外推，而
是用意想右掌虎口向後下方按地向後撐。對方又以左掌打
右嘴巴，此時我以右肘托起，向左前上方移到手背和左耳
相貼為度，同時左掌粘其右臂，向右後下方移動，使手背
貼近右膝外側為度。（圖2-10-3、圖2-10-4）

圖2-10-3

圖2-10-4

圖2-10-5

圖2-10-6

3. 左腳前伸

　　向東北擺頭，右肩背後催左胯，左腳向東北方向出隅步，腳跟著地；左掌向右後方伸（有摸右陽陵泉穴之意，出左腳與左掌向右後方伸，有一對稱勁）；看左前方，意在右掌心。（圖2-10-5、圖2-10-6）

圖2-10-7　　　　　　　　圖2-10-8

【用法】接前兩動，出左腳鎖住對方後腿。

4. 左肩左靠

此乃弓步錯掌。具體做法是兩肘鬆力，右掌以小指引導向左下垂，左掌以食指引導向左上提，左腳落平，兩掌心相對兩掌虛合；弓左膝時兩掌分開，左掌向左前上方移動至左腕與肩同高，掌心斜向上、向內，同時右掌向右後方虛採，以右掌心與右外踝相對為止。右手心向後走一360°扣向前方，有意無形，右手向後摟，重心在左腳，目視左食指延長線（樹梢處）；弓左步未到位前意在右掌心，到位後意在左胯找左肩，左膝找左肘，左腳找左手，右腳有騰起之意，謂之六沖。（圖2-10-7、圖2-10-8）

【用法】當對方四肢均被我鎖住之後，即將兩臂向左前、右後方分開，同時弓左步，形成斜行飛翔之勢，對方應手跌出。

第十一式　提手上勢

本式共4動。

本式動作是指手臂上起如提重物狀，故名。

1. 半面右轉

亮左掌，右轉腰，視向
正南；右轉腰先將右腳跟帶
動向內碾，繼續右轉腰（收
小腹，腳跟為軸，腳尖微
翹）帶左前腳掌內扣，轉至
面向正南，兩腳尖向正南。
（圖2-11-1—圖2-11-3）。
重心一直在左腿，成左坐步
式；同時右掌向左上方移動
至右拇指尖對準鼻尖，左掌

圖2-11-1

圖2-11-2

圖2-11-3

圖2-11-4

圖2-11-5

向後移動，左拇指貼於右臂彎處，成右抱七星狀；重心在左腿，眼從右拇指上方平遠視，意在左掌心。（圖2-11-4）

2. 左掌打擠

弓右腿，右腕如折了一樣鬆向下，右前臂橫於胸前，手心向後，手指向左，左掌根貼在右脈門處，手心向南，指尖向上，右臂微內旋，左手向前扣，夾脊後倚；重心在右腳；眼從左食指尖上方平遠視，意在夾脊。（圖2-11-5）

【用法】對方以左掌向我面部打來，我則以左掌壓其左腕，右肘粘其左肘，身子微右轉，收小腹，身體往後一動，便將對方提拿起來，然後右臂屈成90°，使右手背與對方前胸相觸，即可將對方擠出很遠，打一擠勁。

3. 右掌變鉤

右前臂不動，右手五指微攏變鉤，腕骨關節不動，如

圖2-11-6

圖2-11-7

抓自己五臟六腑，此時可打一寸勁，向前上方順任脈上提，同時左掌心向下，指尖向右，向下壓（如按在右足大敦穴），意想靠左手下壓；身隨右腕上提而上長（立身），身隨臂起，左腳隨身子上長而虛起，收至與右腳相齊；右鈎在前額上方，左掌在臍下，意在右腕，重心在右。（圖2-11-6）

【用法】如對方以右拳擊我前胸，我則以左掌心向下粘對方右前臂向下沉，同時將右手腕部提擊對方下頜（單托雙落）。

4. 右鈎變掌

右鈎上提至頭上，五指依1、2、3、4、5指的順序指縈天，鬆鈎變掌，掌心向外前上方；重心轉在左腳，意在左手心下按大敦穴；眼從右掌食指尖仰視上方。（圖2-11-7）

【用法】如對方微向後移，化開了我的腕打，我即順

圖2-12-1　　　　　　　　圖2-12-2

勢將右鉤變掌，使掌心翻轉向上，仍追其下頜，向上掤勁。

第十二式　白鶴亮翅

本式共4動。

本式動作的運轉形式如白鶴展翅，故名。

1. 俯身按掌

視線看右手食指尖；逐漸向前俯身，俯至右掌（掌心向外）與肩平，即按到右食指蓋對正眼睛（像鞠躬90°）；重心在左腳，意在左掌心。（圖2-12-1）

【用法】接上動，我以右掌托對方下頜，沒托著，隨之上體微向前俯身，同時以右掌心從上向前、向下撲按對方面部，左手輕扶其腰，管其中節，其必仰翻。（圖2-12-2—圖2-12-4）

圖2-12-3

圖2-12-4

2. 向左扭轉

目光轉向左掌；左掌以中指、食指、拇指的順序翻轉，手心向上（臂外旋），指肚托眼神，眼先向右看右肘（有欲左先右之意），接著左手掌心向南，向前掖掌（掌根向前掖），手指向下，右手指向左，左轉腰，左掌心向左翻轉，逐漸向外至正東到左腳外側；視線看左掌中指尖；同時右掌也隨上身轉向正東，掌心向外；重心在左腳，看左掌食指尖，意在左掌心。（圖2-12-5）

【用法】對方從我身體左側以右掌擊我面部或摟我脖頸時，我向左扭轉身軀，同時右掌由對方的右臂下面

圖2-12-5

圖2-12-6

圖2-12-7

抄起，用右腕粘其腕部，使其不能脫離。（圖2-12-6、圖2-12-7）

3. 左掌上掤

左腳為重心，先想左掌入地三尺，再想左掌向東，豁溝至無限遠；左臂上抬，左掌至頭頂以上向右前上方轉向正南，右掌隨之轉向正南；站立面向南；兩掌心向南，兩手指向上；眼由兩掌中間向前上方仰視，重心在兩腳，意在兩掌掌心。（圖2-12-8）

【用法】接上動，我右手腕粘住對方右腕，同時將左臂緊貼對方右臂外側向上抬起，抬到我左肘略高於對方右肘為止。

4. 兩肘下垂

分別以兩手拇指為軸，其餘四指為輪，變手心相對（兩臂外旋），意想兩手十指絫天；再分別以兩手小指為

圖2-12-8

圖2-12-9

軸，其餘四指為輪，轉成兩掌心面對自己（兩臂外旋）；同時屈膝下蹲，想鬆開踝、膝、胯、腰、背、肩、肘、腕各關節；重心在兩腳；眼從兩掌中間平遠視，意在兩掌指尖。（圖2-12-9）

【用法】接上動，我左肘與對方右肘上下相貼時，隨即左臂外旋，轉手心向後方，同時右手粘住對方右腕，手掌隨轉隨向上伸，右肘同時下沉，使掌心轉向後且同時屈膝下蹲，這時對方右肘被我滾肘下壓而匍伏在地。

第十三式　海底針

本式共4動。

本式以手指喻為金針而點刺對方腋下神經（海底穴），故名。

1. 左掌下按

右手垂腕上提，合谷穴找右耳門穴，掌心向下，指尖

圖2-13-1

圖2-13-2

斜向前；重心在右腳，抬左腳跟，兩陰陵泉穴相貼；左掌向左前下方按出，掌如扶物，以左臂舒直為度；上身隨視線看左掌食指尖而微左轉。（圖2-13-1）

【用法】對方用右腳踢我左腿，我則以左掌扶其右膝。此式是以提右手而空手打人，如對方仍用力，則會倒退很遠。（圖2-13-2）

2. 右掌前按

身體左轉，左腳橫跨一步，腳跟著地。下面動作如摟膝拗步，只是右手最後不旋腕；弓左步，重心在左腿；眼從右手拇指向前平遠視，意在左掌心找環跳。

【用法】對方右腳向我腿部踢來而剛落地之際，我則急進左步，左膝外側陽陵穴貼其右膝陰陵穴內側，同時以右掌向其面部或前胸推出，對方應手而跌出。（圖2-13-3）

圖2-13-3　　　　　　　　圖2-13-4

3. 右掌前指

右腕旋腕，右手心向左（不陰不陽），右掌指向前（指東）；身向後坐，重心在右腳，成右坐步式；視線從右手拇指尖向正前方平遠視。（圖2-13-4）

【用法】對方捋拽我右手腕，我即隨其拽勁，將右臂和右腕放鬆，並以手指尖向前舒伸，同時上體微後倚，尾骶骨對正右腳跟，向下坐身，實際右手為陰，左手為陽，意在左手後三合，這時對方反被拽起。

4. 右掌下指

鬆腰，右掌腕部鬆力，右手下插到兩褆之間，掌心向左，指尖向下，左掌如「虎洗臉」狀，到右耳外側，掌心向右，指尖向上；同時左腳撤到右腳內側，腳尖虛點地。重心在右腳；視線向正前方平遠視，意想右手指入地三尺。（圖2-13-5）

圖2-13-5

圖2-13-6

圖2-13-7

圖2-13-8

【用法】接上動。當我右手腕被對方右手拽住時，我即將右手腕放鬆，使指尖向下引伸，如入地三尺，同時屈膝略蹲，並以左手掌往前伸出，點刺對方之肋下神經。（圖2-13-6—圖2-13-8）

第十四式　扇通背（臂）

本式共2動。

本式為形象動作。將自己的腰比喻為摺扇的扇軸，兩臂喻為扇幅，腰一轉動，兩臂橫側展開，猶如摺扇突然展開與收合，故名。

1. 兩臂前伸

右掌向前豁溝至無限遠，掌心向左，右臂抬至腕與肩平時，兩掌虛合，右掌心向下，與頭維穴等高，左掌心向上，如中間有一球（球大小隨自己中氣定，舒適即可）；身隨右臂上抬而微起，重心在右腳；眼注視右掌食指尖，意在右掌心。（圖2-14-1）

2. 左掌前按

意想右肩後沉，左胯起，右肘後絮，左膝起，右手後移，左腳自向前伸，腳跟虛著地；右手掌心向上托天，右食指指向北（主動、意）；身體自動向右轉至南面，左腳前腳掌自動內扣（被動，形）至正南；左掌向左前方按出，右手心向上托，食指指向右絲竹空穴；鬆腰向下蹲身，右腳跟內扣，成馬步式。以上推、

圖2-14-1

圖2-14-2

圖2-14-3

圖2-14-4

圖2-14-5

托、坐要同時完成，雙掌均高於肩，但注意沉肩墜肘，氣沉丹田。（圖2-14-2）

【用法】對方以右拳向我前胸打來，我以右掌粘其右肘外側，向上擎起高過頭頂，同時體微右轉，出左腳，使自己大腿內側貼近對方右大腿，這樣架起對方右臂，鎖住對方後腿，然後蹲成馬步，並以左掌擊其右肋下部或其胸部。（圖2-14-3—圖2-14-5）

第十五式　左右分腳

本式共12動。

分腳，指腳踢出時，要求腳背繃平、腳尖挑起而左右分踢之意，故名。

1. 兩掌虛合

左轉腰，收腹，右腳掌內扣；鬆右手腕，兩掌虛合，即右掌掌心向下，左掌心向上，右掌在上，右合谷穴對右雲門穴，兩掌如抱一球，球大小視自己中氣而定，以舒適為度，球大小由下手（左手）調整。再收步，即左腳收至右腳內側，左腳尖虛點地面；右手合谷穴對左雲門穴；面向正東，重心在右腳，意在右掌心；目視右掌食指尖。（圖2-15-1）

【用法】對方以右拳向我前胸打來，我左掌掌心向上粘住對方右手腕，或是想自己左掌五指指甲按1、2、3、4、5指順序貼地，將對方右臂沉採而使其失重，同時將對方右手臂比喻為馬的韁繩，這樣容易掌握自己的重心穩固和對方重心虛實變化。

2. 兩掌右伸（左探馬掌）

左腳橫跨隅步（東北），弓左腿；兩掌錯掌，隨弓步兩臂前伸，成左探馬掌（右掌走

圖2-15-1

圖2-15-2   圖2-15-3

外弧線移到右前方為止，右掌心向下，左掌也稍前伸，左掌對右臂彎處，左掌心向上，右掌在前，在上，左掌在後、在下）；重心在左腳，眼從右掌食指尖看出去，意在左掌，即神在右，意在左。（圖2-15-2）

【用法】接上動。我用左掌（掌心向上）反粘對方右腕，同時向左前方邁進一步，並以右掌（掌心向下）打對方的頸動脈（馬鬃）或翳風穴（死穴）。擊打右翳風意想左翳風，是透力，使用時要慎重。（圖2-15-3）

3. 右掌回挒

右掌以小指引導走內弧線，漸向左下方移動，以手背貼在左膝蓋左側為止，掌心向左，同時左掌以食指引導，漸向右上方移動，到右耳外側為止，掌心向右（即兩臂如打輪，是一立圓），簡言之是絞手搭手；回看右腳照海穴，重心仍在左腳，意在左手。（圖2-15-4）

【用法】接上動。我以右掌敷對方右肩，然後經後頸

圖2-15-4

圖2-15-5

圖2-15-6

圖2-15-7

繞至左肩，再向左後下方回捋，使手背貼在左膝外側，與此同時，左掌向右上方走弧形托其右腕，使左手背靠近右耳。這時，對方被我拿得頭朝下，腳朝上，或滾倒在地。

（圖2-15-5—圖2-15-7）

圖2-15-8

圖2-15-9

4. 兩掌交叉

兩手十字相交，右掌在外，掌心向外，兩掌後谿穴與鼻尖成等邊三角形，鼻尖向前搆時，口中會產生唾液（此時先不下嚥）；重心仍在左腳；眼從兩掌中間平遠視，意在左掌。（圖2-15-8）

【用法】對方發右掌向我面部打來，我以左掌刁採其右腕，然後右掌從對方右臂外側的下面往上抬，和左掌交插搭成十字狀，使其右掌不能下落。

5. 兩掌高舉

兩掌以小指引導，同時向左前上方舉過頭頂；同時身隨臂起，右腳跟抬起；兩手如搭涼棚狀在頭上，然後墜兩肘，意在左肘尖；提起右膝（右膝與胯平），氣沉丹田，咽下唾液，頭向右（東南）擺動，左腿獨立；目視東南，意在左肘紮地。（圖2-15-9）

【用法】接上動。兩掌高舉過頭，架住對方右臂，同時提起右膝，成待發之勢。

圖2-15-10

6. 兩掌平分

兩掌由指尖引導，走上弧線向右前（東南）、左後（西北）斜角分開，兩掌分別與兩肩等高，兩指尖隨鬆腕向下點（分掌），右掌心向左，左掌心向右；同時右腳向右前方踢出，腳面繃平，腳尖上挑，重心在左腳；目視東南，意在左手指尖。（圖2-15-10）

【用法】接上動。我右臂架著對方右臂，使對方不能脫離，此時我分掌翹腳，踢胸點肋，即我分兩掌，右腳踢對方前胸或右肋。（圖2-15-11、圖2-15-12）

圖2-15-11

圖2-15-12

7. 兩掌虛合

屈左膝，鬆腰下蹲，成左坐步式，右腳跟緩緩落地（東南隅步）；兩肘鬆力，左手像單手拎髯，左合谷穴找右雲門穴，手心向下，指尖向右，右手心向上、向右後下方回捋與左掌兩掌虛合，右手指向左；重心在左腳；先目視右手食指，再視左手食指尖，意在左掌。

【用法】與本式動作1同，只是左右對換。

8. 兩掌左伸

與本式動作2相同，只是左右對換。

9. 左掌回捋

與本式動作3相同，只是左右對換。

10. 兩掌交叉

與本式動作4相同，只是左右對換。

11. 兩掌高舉

與本式動作5相同，只是左右對換。

12. 兩掌平分

與本式動作6相同，只是左右對換。

第十六式　轉身蹬腳

本式共4動。

圖2-16-1

本式從前方往左轉向後方約180°，單腳支撐體重，屬於平衡動作，然後把腳蹬出去，故名。

1. 兩拳交叉

兩臂鬆力，兩掌變拳，拳心向內交叉於胸前（右拳在內）；左膝鬆力，左腳懸垂，重心在右腳；視線從兩拳中間平遠視，意在右拳。（圖2-16-1）

【用法】對方以右手将住我左手腕或向我面部打來，我則兩掌變兩拳，屈臂、墜肘，兩臂外旋交叉於胸前且屈左膝，左腳懸垂不落，這時將對方拿起。

2. 提膝轉身

右拳如攥一螺絲刀向頂棚上擰，走一螺旋線，終點是右合谷穴找左耳門穴；左膝往左後上提（膝與胯平），以右腳跟為軸向左後方轉身（西北隅），右腳尖轉向西北；兩拳交叉不變；重心在右腳，視線從兩拳之間平遠視，意

圖2-16-2

圖2-16-3

在右拳，腳跟、會陰、百會上下垂直。拳諺：上下一條線，全憑左右轉。（圖2-16-2）

【用法】對方從身後以右掌向我頭部打來，我急忙向左轉換身形，對此要注意自己重心的穩定性，以便動作的變化自如。

3. 兩掌高舉

兩臂鬆力，兩拳向前上方伸舉，兩臂內旋變掌，掌心向外；重心仍在右腳；目光平遠視，意在右手腕。（圖2-16-3）

【用法】接上動。我轉過身來，急忙用右手粘住對方的右手腕，保持粘住不可脫離，同時左右兩臂往上抬起，再左右兩掌架住對方右臂待發。

4. 兩臂平分

兩掌以指尖引導走上弧線，向左前（西南）、右後

（東北）分開；墜兩肘，提左膝；再兩掌分別向西南、東北撐掌；同時左腳向左前方蹬出，左腳跟為觸點。重心在右腳；目視左掌拇指，意在右掌根。形在腳，意在手，強調交互神經作用，即上下相隨。（圖2-16-4）

圖2-16-4

【用法】接上動。自己兩掌高舉之後，再用右手粘住對方之右腕向後牽引，並以左掌劈擊敵面部，同時發左腿，以左腳跟照對方右胯處蹬之，使其跌出很遠。

第十七式　進步栽捶

本式共6動。

本式以拗步前進，右拳猶如握一棵樹苗，往左腳前方設想之深坑中栽植，故名。

1. 左掌下按

右膝鬆力，鬆腰蹲身，左腳跟落地成右坐步式；左掌隨左腳落地而下按，同時鬆右腕，右合谷穴找右耳門穴，右手虛提到右耳外側；重心在右腳，意想右手，眼神從左手食指指甲蓋到前下方一點。

【用法】對方順步沖拳朝我前胸打來，我就以左掌截其右臂中節，然後進左步向其襠內落下，同時提右手腕使合谷穴對耳門穴，準備發招。

2. 右掌前按

如「摟膝拗步」動作2，右手無名指穿針引線向前穿，想右肩與左胯合，左腳跟落實，右肘與左膝合，腳掌落實，右手與左腳合，左腳五趾落實，右中指立腕，右食指旋腕，右手在胸前，右手拇指如套在右鼻孔；弓左腿隨曲就伸（見「摟膝拗步」動作2），左掌在左膝外側，掌心向下，手指向前；重心在左腳，意在左掌，視線經右手拇指尖上方平遠視。

【用法】接上動。在我以左掌沉採對方右臂彎處之際，同時以右掌向對方面部按出，當左腳落平成左弓步時，對方應手而跌倒。

3. 右掌下按

右掌下按想左手上提（左合谷穴找耳門穴）；右腳跟到左腳旁，兩陰陵泉穴相貼，右腳再如履薄冰樣向前邁出，右足跟著地，重心仍在左腳，意在右掌心；目視右手食指尖延長線與地面交點。

【用法】與本式動作1相同，只是左右對換。略。

4. 左掌前按

立腰豎頂，抬頭向前平遠視，其餘與動作2相同，只是左右對換。略。

5. 左掌前按

與本式動作3相同，只是左右對換。略。

6. 右掌下栽

抬頭，眼向前平遠視；立腰豎頂（又稱懶羊抬頭），左腳逐漸落平成左弓步；右掌向前按，快要按到位時變拳，拳眼向下，隨弓左膝而弓身向左腳前方栽捶，拳眼對左臏骨，左手虛貼右臂（腕後肘前）；重心在左腳，意在左手微內旋；目視右拳食指中節。（圖2-17-1）

圖2-17-1

【用法】對方以右拳擊我面部，我以右手順其來勢握其右腕，並以左手扶其右臂彎處，兩手同時微做內旋動作，使其臂腕彎曲，貼近右肩時邁進左步，再握其右腕向左腳前往下栽植，這時對方應手倒跌，翻滾在地。所謂栽捶，即栽對方之捶。（圖2-17-2、圖2-17-3）

圖2-17-2

圖2-17-3

第十八式　翻身撇身捶

本式共2動。

本式指身體由前往後轉180°，用兩臂之捶、掌向外拋出之形態而命名。

1. 右拳上提

右轉腰，靠腰帶動，把右腳帶過來（就是以右腳掌為軸，右腳跟內碾，右腳轉向正北）；此時右臂如繩索般，右拳轉至西北（拳與身體的位置不動，是靠轉腰將拳帶到西北方向，是腰轉），左手為陽，意在左掌推右拳，右拳出掤勁。繼續右轉腰，收腹，左腳跟為軸，左腳掌內扣至正北；同時右拳外勞宮穴找右肩井穴（此為陽肘），左掌掌心向內，指尖找右曲池穴。此動名叫「朝天獻肘」，右拳在胸前走一弧線，右肘尖指東北偏上，體重一直在左腳；視線隨右拳走，最後注視右肘尖方向的斜上方，意在左掌指尖（因重心在左腳，左掌為陽）。（圖2–18–1）

【用法】如對方從右後進攻，我即用肘反擊之。用肘不想肘，否則就犯雙重之病。我就想右拳外勞宮穴走一弧線找右肩井穴，同時左手指（陽）找右曲池穴（陰），擊其胸部。（圖2–18–2）

2. 右肘下採

右上臂不動，以肘尖為圓心，前臂為半徑，右拳心向上、向東北上方反擊之（肘開花）（圖2–18–3、圖2–18–4），隨後左掌上移蓋住右拳眼（拳眼向上）；同時右

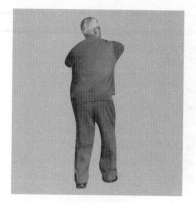

圖2-18-1

圖2-18-2

圖2-18-3

圖2-18-4

腳向右橫開正步，腳跟著地，隨弓右膝成右弓步式；右拳
下落至右胯旁，拳眼向上。重心在右腳；視線先隨左掌食
指尖，定式時向前平遠看，意在右拳。（圖2-18-5）。

　　【用法】接上動。對方以右拳朝我迎面打來，我以右
手採其右腕，使其掌心向上，左手輔佐之，同時以左肩緊
貼其右肋下做支點，隨即向右轉腰，重心先在左腳（上

圖2-18-5

動），右腳向右開步，同時兩手採其右腕向前、向下採，這時重心在右腿。此時，對方右臂別住勁，只有隨捋而跌出，否則其一較勁，其臂必傷。此招外家拳稱為「周倉扛刀」。

第十九式　二起腳

本式共6動。

本式指左右兩腳連續起落，故名也叫「二起蹦子」，現改為探馬掌和右蹬腳，隱去跳躍動作。

1. 翻掌出步

左掌以小指引導（左前臂外旋），循右拳外面翻轉，手心向上，右拳也變拳心向上放在左掌上，意想右手指甲蓋貼地，將右拳依拇指、食指、中指、四指、小指的順序由拳變掌；此時重心在右腳；隨即變兩掌虛合，右掌在上，掌心向下，左掌在下，掌心向上，右手合谷穴對右雲

圖2-19

門穴；再出左腳（隅步）成右坐步式；兩掌移向左胸前虛合；重心在右腳，目視右掌食指中節，意在右掌。（圖2-19）

【用法】對方將我右手腕攥住，我以左手按其手背做外旋沉採，同時右拳變掌（意想指甲蓋貼地）粘其手指做外旋上掤。此為擒拿手法。同時邁出左腳，有踹其脛骨之意。

2. 兩掌右伸

與第十五式動作2相同。

3. 右掌回捋

與第十五式動作3相同。

4. 兩掌交叉

與第十五式動作4相同。

圖2-20-1　　　　　　圖2-20-2

5. 兩掌高舉

與第十五式動作5相同。

6. 兩掌平分

與第十五式動作6相同，只是將分腳變為蹬腳，撐左掌（如扶牆）。意在左掌心，目視右掌拇指尖。

第二十式　左右打虎勢

本式共4動。

本式雙掌並舉，披身閃展，形如打虎，故名。

1. 兩掌合下

右膝鬆力屈膝，右腳尖垂懸；兩掌掌心向下，以食指引導，左掌向右合，右掌向左合，然後兩掌均向東北探掌，手心均向下，左掌在前，右掌拇指在左臂彎右側；同

圖2-20-3

圖2-20-4

時左膝鬆力向下蹲，右腳向右後（西南）撤步，腳跟著地，兩臂微屈，右腿伸直，有隨曲就伸之意。重心在左腳；目視左掌食指尖，意在左掌心。（圖2-20-1）

【用法】對方以「虎撲勢」右拳擊我前胸，我以右手捋其右腕，左手採其右肘向右下方捋出，同時右腳向右後方退一步，對方就會身體重心傾斜不穩。（圖2-20-2一圖2-20-4）

2.兩拳並舉

兩掌向右捋，左掌摸左陽陵泉穴時，右掌摸右陰陵泉穴；隨身體右轉，右腳掌向正南落平，重心平均在兩腳；隨身體右轉，分別摸右陽陵泉穴（右手）、左陰陵泉穴（左手）；弓右膝，左腳掌內扣；右手摸右環跳穴時左手摸右陽陵泉穴，兩掌變拳向右前方伸出，右拳在上在前，拳眼向左前方（正東），左拳眼向上，貼在右肘下；重心在右腳，眼向左前方（東南）平遠看，意在右拳。也稱「轉

體左貫」。（圖2-20-5）

圖2-20-5

【用法】接上動。當我右腳跟剛著地時，即向右轉身（兩掌捋採動作要與撤步轉身等動作協調一致），意想右後是一個深淵，將敵引入，這時對方便會撲跌出很遠。同時兩掌握拳高舉，形成弓步披閃，在其撲空失重瞬間迎擊其太陽穴，有進攻或防守之勢。

3. 兩掌回捋

身體左轉向東南，右腳尖扣向正東；兩拳變掌，像推空氣樣向東南探掌，右掌在前、在上，左掌在後、在下（左拇指在右臂彎左側），掌心均向下；同時左腳向左後方撤（西北），腳掌著地。重心在右腳；目視右掌食指尖，意在右掌心。

【用法】與本式動作1相同，只是左右對換。略。

4. 兩拳並舉

兩掌向左捋，右掌摸右陽陵泉穴時，左掌摸左陰陵泉穴；此時隨左轉體，左腳跟向正北落平，重心平均在兩腳；隨左轉體，左手摸左陰陵泉穴，右手摸右陰陵泉穴；弓左膝，右腳跟外碾，左手摸左環跳穴時右手摸左陽陵泉穴，兩掌變拳向左前方伸出，左拳在上、在前，拳眼向右前方

（正東），右拳眼向上，貼在左肘下；重心在左腳；眼向左前方（東北）平遠看，意在左拳。也稱「轉體右貫」。

【用法】與本式動作1相同，只是左右對換。

第二十一式　雙風貫耳

本式共4動。

本式以左右兩拳由身後到身前貫擊對方雙耳，故名。

1. 兩拳高舉

右拳從左肘外側向上伸，兩拳交叉於胸前，兩拳心向自己；同時右腳提至左腿旁。

兩臂內旋，拳心轉向外（北），兩臂兩拳高舉，身隨臂起，兩拳在頭上方如搭涼棚。

墜肘向東北提右膝（為使左腿獨立支撐體重比較穩定，提右膝時，意想墜左肘），重心在左腳，意想左肘；向右擺頭，目視右前（東）。（圖2-21-1）

【用法】對方以右腳踩踏我右腿時，我將兩拳高舉過頭頂，這時墜左肘，右膝會很輕靈的提起來，以做待發（蹬出）之勢。

2. 兩掌平分

右腿向正東開胯，右腳腳跟向正東蹬出去；同時，兩拳變掌，分別向前後平

圖2-21-1

分,右掌在前,手心向北,五指指向下方,左掌向左後撐掌如扶牆,手心向西北,坐腕,指尖斜向上;重心在左腳;目視正東,意想左掌掌根。(圖2-21-2)

圖2-21-2

【用法】接上動。我提右膝,躲開對方踩踏後,兩掌分別向右前和左後分展,同時右腳會自然地向對方的右胯骨頭處(俗稱大轉子)蹬出,這時對方便被蹬出很遠。

3. 兩掌下採

屈左膝,右腳向左偏前些腳跟落地成左坐步式;兩掌心向內,左掌從右乳向下插,再右手掌從左乳向下插,左掌在外,右掌在內,兩掌交叉於腹前。(圖2-21-3)

兩臂外旋變兩掌心向上,兩掌距離與肩同寬,兩掌在腹上胸下,繼而兩手食指微攏如變鈎(正東方向)。(圖2-21-4)

弓右步,蹬左腳;同時意想兩肘尖與地面平行向後拉,這叫肘不離地,兩掌到帶脈鈎變掌,手心扶腎俞穴;重心在右腳,目視前方,意在兩腕。(圖2-21-5)

【用法】對方雙手摟我腰時,我兩掌右插乳,左插乳,經對方前胸向下向後,最後兩掌心貼近自己兩腎之後,對方就被拿起來了。(圖2-21-6)

圖2-21-3

圖2-21-4

圖2-21-5

圖2-21-6

4. 兩拳相對

兩掌從兩腎俞穴向下（臀部）出溜，自動滑出，再兩掌變拳向上向前（正東）貫拳，兩拳與自己頭維穴等高，拳距約10公分，兩拳眼斜向下；重心在右腳，目視前方，意在兩拳。（圖2-21-7）

圖2-21-7

圖2-21-8

【用法】接上動。當對方身體前傾時，我兩掌變拳，從身後分左右向正前方、向對方耳門處貫拳。兩拳指根凸骨處接觸對方前為空心拳，凸骨處接觸對方的瞬間變實心拳，拳力煞內，入骨三分。（圖2-21-8、圖2-21-9）

圖2-21-9

第二十二式　披身踢腳

本式共4動。

披身似披斗篷狀，它是指轉身躲閃之後以腳踢之，故名。

圖2-22-1

圖2-22-2

1. 兩拳右轉

身體右轉，右腳跟鬆力向裏扣，右腳尖向正南；兩臂外旋變拳心向裏，此處注意三圈，即腕圈、肘圈、腰圈；重心在右腳，視線隨兩拳向東南方而轉移，從兩拳間平遠看，意在右拳。右為主動，左為從動。（圖2-22-1）

【用法】如對方攘我兩手腕往後拽時，我隨其拽勁，上體微向右扭轉，變成歇步（左膝蓋頂右委中穴）。我腕、肘、腰三圈同時旋動，形成接觸點之軌跡，由此三圈組成，將對方鎖住，使其失去重心。

2. 兩拳交叉

身體與兩臂轉向正南，鬆腰蹲身，左腳跟抬起成半坐盤式；同時左拳向右移，左腕貼在右腕外側成兩拳交叉狀，左拳在外，兩拳心均向裏；重心仍在右腳；眼向左前方平遠看，意在右少海（肘尖）。（圖2-22-2）

圖2-22-3

圖2-22-4

【用法】對方攬我兩手腕，又以右腳踢我襠部，我身體向右轉90°，同時鬆肩、墜肘，兩手臂外旋，使兩手臂交叉成十字狀（注意腕、肘、腰三圈），兩腿成為歇步，此時我已做到披身，而對方身體處於傾斜欲倒之勢。（圖2-22-3—圖2-22-5）

圖2-22-5

3. 兩拳高舉

兩臂內旋，拳心轉向外，兩拳交叉向前上方伸舉過頭頂，身隨臂起，兩拳在頭上方如搭涼棚；再墜肘提左膝，重心在右腳；眼向南平遠看，意在右肘。（圖2-22-6）

【用法】接上動。我扭身披閃後，將左腳提起，成待

圖2-22-6　　　　　　　　圖2-22-7

發之勢。

4. 兩掌平分

兩拳變掌，分別向前後平分，左掌在前，手心向南，指尖斜向下，右掌在後，如扶牆狀後撐，手心向西南，指尖斜向上；同時向正東踢腳（左腳跟向正東蹬出）。（圖2-22-7）

【用法】接上動。對方失去重心傾斜之際，我及時發出左腳，以腳跟對準對方右髖骨蹬出，可將對方蹬出很遠。

第二十三式　回身蹬腳

本式共4動。

本式指身體回旋180°，而後發腿蹬出，故名。

1. 左腳右轉

右手心摸右環跳穴（以保證上下一條線），意想左手

圖2-23-1

圖2-23-2

合谷穴找右耳門穴；以右腳掌為軸，身體右轉；左手像向
西北夠東西；左腳尖走外弧線，腳跟落在右腳旁，面向西
北，腳尖向西北，重心在右腳，意在右掌心；視線隨右轉
身而變為西北。（圖2-23-1）

2. 兩拳交叉

左腳落實，重心轉向左腳，右腳尖收在左腳旁，腳尖
點地；同時兩掌變拳，在胸部交叉，右拳在外，拳心均向
裏；重心在左腳，眼看東北，意在左拳。（圖2-23-2）

【用法】以上兩動，當我以左腳蹬對方，對方避開後
又以右腳踢我實腿（右腿）時，我將左腳隨身體右轉落在
右腳旁，左腳落實後，兩拳交叉於胸前，上體略蹲，避開
對方右腳向我的襲擊。

3. 兩拳高舉

與第二十一式動作1相同。略。

圖2-23-3

圖2-23-4

【用法】對方向我撲來，我乘勢擎起對方雙臂，高舉過頭，同時提起右腿，準備蹬之。（圖2-23-3）

4. 兩掌平分

與第二十一式動作2相同。（圖2-23-4）

第二十四式　撲面掌

本式共4動。

本式為順步採掌，兩掌交替滾轉，連撲帶蓋，故名。

1. 左掌滾壓

左膝鬆力，鬆腰蹲身，右腳下落，成左坐步式；同時左、右掌隨右轉腰和右腳跟落地，右掌掌心向上，撤到靠近右肋，左掌掌心向外，指尖向南橫在前額前，且隨右腳跟落地，左臂外旋，有一滾壓的動作；重心在左腳，看右手，意在左掌。（圖2-24-1）

圖2-24-1

圖2-24-2

【用法】對方右手搭在我左肩，我以左手粘其前臂向下滾壓沉採（改變接觸點），對方的接觸點是右臂彎，我意想滾壓其左膝的委中穴，使對方上身前傾，失去重心。

2. 右掌前按

右腳落平，成右弓步，抬頭向前看，左腳蹬成川字步；在左掌滾壓至右肋旁（手心向上）的同時，右掌掌心先朝自己面部上穿，再在右弓步的同時，右臂內旋變掌心向外（右拇指遙對鼻尖）；重心在右腳，眼從右拇指上方平遠看，意在右掌心。（圖2-24-2—圖2-24-4）

【用法】接上動。目的是對方面部，這樣對方會搪你，躲開你而撲不著。上一動是讓對方重心前傾且（我左手如理髮師槍刀，有一腕圈）將面部正對你，我在右弓步時撲他面部。

此式如拿我右手中指扶對方囟門穴想對方啞門穴，他就會迷糊，繼而坐腕打山根想其命門穴，這時對方就會滿

圖2-24-3

圖2-24-4

臉開花。但此招較兇狠，老師不讓使，打拳要講武德，我撲面時，就將其鼻子、嘴堵住，不讓他呼吸，制服他就行了。此為後發先制，從被動到主動。

另有主動進攻的撲面掌，對方先打我，我上步左手扶對方腰，再撲其面。

3. 右掌下按

左腳跟到右腳旁，兩陰陵泉穴相貼；左手掌心向上收到左肋旁，右手手心向外橫在前額前，再左肘尖向後，向前出左腳，腳跟著地；隨左腳跟落地，右臂外旋，有一滾壓的動作；重心在右腳，看左手，意在右掌。

【用法】與本式動作1相同，只是左右對換。

4. 左掌前按

與本式動作2相同，只是左右對換。

第二十五式　十字腿

又稱「單擺蓮」。本式共4動。

本式指左臂與右腿運轉相互交叉和相觸的動作，形如十字，又好似風之擺蓮，故名。

1. 左掌右轉　　2. 左掌繼續右轉

此兩動，如「玉女穿梭」第一梭後向南偏西右轉後雙龍盤玉柱的動作。此兩動的用法是對方從我後邊進攻抓住我右肩頭時，我用左手掌心輕扶其手（非攥住），然後繼續右轉身，面向正西，這時對方就失去重心了。（圖2-25-1）

3. 右腳上提

意想左肘尖，向左平紮，右腳自動向左上方提起；同時左掌以食指引導向右舒直，高與肩平，手心向下；重心在左腳，目視右前方，意在左掌心。

4. 右腳右擺

意想手比腳長，右腳從左前向右擺到右前方下落（正西），腳跟著地；同時，左掌向左轉到體前時與右腳相遇而拍右腳面，當右腳腳跟落地時，左手合谷穴找左耳門穴；重心仍在左腳，意在左腕，目視西南

圖2-25-1

圖2-25-2

圖2-25-3

圖2-25-4

圖2-25-5

（左後上）。（圖2-25-2）

【用法】接動作2、動作3。抬右腳向左上方提，準備擺踢。接動作4，如對方沒什麼變化，我用右腳背拍擊其腰（兩腎）或委中穴（在膝關節後面），同時左掌反擊其下頦或耳後翳風穴，手腳夾擊，對方仰翻。（圖2-25-3—圖2-25-5）

第二十六式　摟膝指襠捶

本式共4動。

本式動作形式與「摟膝拗步」基本相同，只是最後掌變拳向對方下腹部進擊，故名。

1. 右掌下按

右掌向右前下方按去，到右膝外側掌心向下，指尖向前；重心在左腳，意在左掌；目視右掌食指延長線與地面交點。

【用法】對方以右掌打我面部，左腳向我下腹部進攻，我以左手迎其右臂外部，以右手按其膝，使對方失去重心。

2. 左掌前按

弓右膝成右弓步式；同時左掌以無名指引導向前按出，掌心向外（西），中指立腕，食指旋腕，隨曲就伸。這些與「摟膝拗步」動作4相同，用法亦同。

3. 左掌下按

與「摟膝拗步」動作5相同。

4. 右拳前下指

左腳跟到右腳旁，兩陰陵泉穴相貼，左腳向前邁步，腳跟著地，豎腰立頂，身體右轉；右手向右後擺到東北，手心向西北，同時左手摟膝後左掌到體前，手心向北；眼看後手（圖2-26-1）；右手按小指、無名指、中指、食

圖2-26-1

圖2-26-2

圖2-26-3

圖2-26-4

指、拇指的順序變拳，到食指時擺頭向正西，右手拳心旋向上，拳貼於右肋部；弓左步，右拳眼向上，與地面成45°，向前下方擊之，左手扶在右肘前靠右腕處；重心在左腳，意在右承山穴，目視右拳。（圖2-26-2）

【用法】對方以右拳打我前胸，我以左手粘其右肘部，同時轉腰將右拳向右後上方一擺，對方已失去重心（圖2-26-3、圖2-26-4）。然後返回到右肋間握成拳，向

圖2-26-5

圖2-26-6

對方腹部進擊，意想對方尾閭，對方仰翻。（圖2-26-5、圖2-26-6）

第二十七式　正單鞭

本式共6動。

本式將立腰、豎頂、蹲身動作喻為鞭竿，兩臂展開動

圖2-27-1

作喻為鞭梢，即以鞭竿坐勁而力貫鞭梢之意，故名。

1. 翻拳上步

右腳跟到左腳旁，兩陰陵泉穴相貼，右腳向前邁，腳跟著地成左坐步式；同時右臂外旋，右拳翻轉向前上伸出，拳心向上，左手搭在右手脈門處；重心在左腳，目視右拳，意在左掌。（圖2-27-1）

2. 右掌前掤

弓右膝成右弓步；同時右拳依1、2、3、4、5指順序鬆拳變掌（意想右手1、2、3、4、5指指甲蓋貼地），向西北掤出；重心在右腳，意在右掌，目視右手食指尖延長線。

【用法】以上兩動，對方攥我手腕，我先翻拳上步，同時進右步，隨後隨弓右步，右拳意想指甲蓋貼地（依1、2、3、4、5指順序），意想對方申脈（重心腿），右掌

圖2-27-2

圖2-27-3

前掤，對方就被掤出很遠。
（圖2-27-2—圖2-27-4）

3. 右掌後掤

與「攬雀尾」動作7相
同。

4. 右掌前按

與「攬雀尾」動作8相
同。

圖2-27-4

5. 右手變鈎

右手腕鬆力，向西南探右掌；左腳向正東撤步，左腳
大趾著地不著力；接著隨右手從5、4、3、2、1指變鈎紮
地，對應左腳1、2、3、4、5趾落實，想右掌心，左腳前
掌落地，想右掌根提腕，左腳跟落地。重心仍在右腳；目

圖2-27-5

圖2-27-6

視右前遠處，意在右腕。

【用法】對方以右掌打我面部，我以右掌刁其右腕，略向右側身，進左腿鎖其右腿。

6. 左掌平捋

墜右肘，弓左膝，沉右肩，坐左胯；同時左手從右腕沿右手背向前，左掌心向裏且與眼平，左掌從右前方右鈎手陽池穴處向左前方移動，且掌心逐漸翻轉向外（左臂內旋）；同時鬆左肩、左肘、左腕，重心從右腳逐漸移向左腳，意在左掌；眼從左手指上方向遠處看。（圖2-27-5）

【用法】接上動。我右手刁住對方右手腕，左腳鎖住對方後腿，同時鬆左肩、墜左肘，左掌向對方面部或肋下按出，並屈膝略成馬步，將對方發出（擊發時成側弓步）。（圖2-27-6）

正單鞭定式用法：

對方左側推我左手，我意想右手陽池穴找天，對方即

圖2-27-7

圖2-27-8

被彈出（圖2-27-7、圖2-27-8）；對方右側推我右手，我意想左手中指掐拇指，對方即被彈出。（圖2-27-9）

第二十八式　雲　手

本式共6動。

本式兩臂上下循環運轉，回旋纏繞速度均勻和動作纏

圖2-27-9

綿的姿態，就像天空行雲一般，故名。本式是太極拳中重要動作，鬆靜後打本式倍感心曠神怡，可調整中樞神經。

1. 左掌下将

鬆左腕，左掌向右下方移動，掌心向內，意想左掌摸左膝，左膝躲，再摸右膝，右膝定；重心自然移至右腳；左掌到右膝前時，右手鬆鉤（依1、2、3、4、5指的順序）變掌向右伸出（西），右掌心向下；目視右手食指尖，意在右掌掌心。（圖2-28-1）

圖2-28-1

【用法】對方以左掌打我嘴巴，我以右掌粘其左腕，並以左掌向自己右腳跟的右後方往下一将，這時對

圖2-28-2

圖2-28-3

方失去重心，站立不穩。（圖2-28-2—圖2-28-4）

2. 左掌平按

右手下採，左手上迎，逐步立身，兩掌心均向內，腰左轉，當左掌到右肩處將左雲門拉出1尺2寸（三拳），同時右手摸右膝，右膝躲，面向正南時，拉右雲門，拉出1尺2寸（約三拳），手心高與眼平；眼從指尖向遠處高處看；身體轉向正南時，想三田合一（圖2-28-5）。左手以中指為軸，四指為輪，逐漸轉向手心向外，身體也繼續轉向東南，屈膝；右手摸左膝，左膝迎（不動），身體左轉至左方（正東）時，左掌心向下平按，高與肩平；重心在左腳，目視左食指尖，意在左掌心。（圖2-28-6）

【用法】接上動。當對方失去重心而站立不穩之際，我順其傾斜方向向下捋之，左掌返回向上，向左沿其左臂內側反擊其面，或用左臂隨進隨轉以掌拍其右肩，這時對方應手而倒地或跌出（此為立身挑打）。

圖2-28-4

圖2-28-5

圖2-28-6

圖2-28-7

3. 右掌平按

左手下採，右手上迎（先摸左少海穴再摸左極泉穴），右手自極泉處上掤；身隨臂起，右腳收至左腳旁，兩腳平行，間距10公分；身體轉至東南蹲身；右手對左雲門（圖2-28-7）；將右雲門拉出1尺2寸，左手摸左膝，

圖2-28-8

圖2-28-9

圖2-28-10

左膝迎，身體右轉至正南，三田合一，將左雲門拉出1尺2寸，右手以中指為軸，其他四指為輪，逐漸將手心轉向外；身體再右轉，左手摸右膝，右膝躲，使兩膝內側微離，便於轉體；身體繼續右轉至正西，右掌向下平按，高與肩平；重心在右腳，意在右掌心，目視右食指尖。（圖2-28-8）

【用法】對方以右掌打我嘴巴，我以左掌粘住其右手腕，並以右掌沿其臂內側面部或用右臂沿其右臂外側，使右掌隨進隨轉，以掌心拍其左肩，這時對方應手倒地或跌出很遠（此為曲身反打）。（圖2-28-9—圖2-28-11）

圖2-28-11

4. 左掌平按

右手下採，左手上迎，同時左腳向左橫開一步，以下與本式動作2相同。

5. 按掌變鉤

開始與本式動作3相同，當右掌至右前方時與「單鞭式」動作5相同。

6. 左掌平按

與「單鞭式」動作6相同。

第二十九式　下　勢

本式共2動。

本式是從高突然變為低的架勢，動作形態好像鷹在空中盤旋，突然下落捕兔之狀，故名。

圖2-29-1

圖2-29-2

1. 右掌前掤

眼神往左送，向東擺頭；鬆開左腕、肘、肩，再鬆右肩、肘、腕；眼神逐漸轉向右，重心也逐漸移到右腳；右手依1、2、3、4、5指的順序鬆鈎變掌（掌心向下）；眼看右手，眼神看右膝，手追眼神；右掌心逐漸變向內，右掌下落有摸右膝之意，但右膝不讓摸，有膝躲之意，眼看左膝，手摸左膝，左膝定，重心移到左腳；右掌上行，與左掌心相對，高與肩平，左臂微屈，右臂鬆直，兩手指尖向東；成側弓步。（圖2-29-1）

2. 兩掌回捋

兩腕鬆垂（非變鈎，像沒有手腕一樣，如拳理所說：有就是沒有，沒有就是有）（圖2-29-2）；此時重心在左腳（為陰）；左手為陽，左手為主動，意念放在左手，從外形看是兩手同時往後摟，但右手是從動；同時旋腰立

圖2-29-3

圖2-29-4

身，兩掌虛向上提；右轉腰，重心逐漸移向右腳，右腳為陰，右手為陽，意念放到右手，兩掌轉到西北，坐腕，掌與腕平，手心向下（圖2-29-3）；隨身體左轉，像老鷹撲兔般兩掌從西北盤旋而下（沿螺旋線下來），兩手心分別對住自己的左右膝時變掌心相對，十指向東；立腰豎頂，重心在右腳，向下蹲身，左腿舒直成右仆步式，兩腳尖均向南，意在右掌心；向左前方平遠看。（圖2-29-4）

【用法】對方攥我兩手，動作1，我重心在左腳，意念放在左手（陽、主動），撥他，隨右轉腰重心移到右腳，意念放在右手，就將他撥過來了，使其失去重心。動作2，我右掌粘住對方右臂時，腕部向後、向下沉採，對方應聲向前撲跌。（圖2-29-5—圖2-29-7）

有意皆是假，無意不為真，有意無意之間方為真意。就是有意變為無意、無意變為有意這個階段才出太極東西，即隨腳下陰陽變化（虛、實變化）而意念也隨之變化，這樣才出太極勁而非拙力。

圖2-29-5

圖2-29-6

圖2-29-7

第三十式　上步七星

又稱「上步騎鯨」。本式共2動。

　　本式突出了身上的七個部位，即頭、肩、肘、手、胯、膝、足，所構成的姿勢稱「上步七星」動作，形如騎鯨，故名。

1. 右掌前掤

右手中衝穴找左手大陵穴；左腳跟為軸，左腳尖轉向正東；接著想右手大陵穴前伸找左手中衝穴，成左弓步，右腳橫跨，這時重心在左腳，左腳為陰，左手為陽。意想左手再找右曲池穴，則右掌前伸為掖掌；目

圖2-30-1

視右掌指尖，入地三尺。（圖2-30-1）

【用法】趁對方身體被我牽動失去重心之際，我用右掌向對方下腹部襲擊；或跨擊對方大腿內側血海穴。（圖2-30-2、圖2-30-3）

圖2-30-2

圖2-30-3

2. 兩掌上掤

左手合谷穴找右耳門穴，左鼻孔吸氣，將右手、右腳帶上來，右掌在左掌外，兩掌交叉，右掌心向左，左掌心向右；出右腳，腳跟著地，成左坐步式（如雞蹬步），重心在左腳，意在左掌心；由兩掌中間向前平遠看。（圖2-30-4）

圖2-30-4

【用法】對方向我打拳，我用兩掌架住對方手臂，同時用右腿貼對方前腿外側，用右腳蹬對方後腿脛骨（上、中、下三路全封住了）。

第三十一式　退步跨虎

本式共2動。

本式是右腳由前向後撤一大步，坐身收左腳，左腳尖虛點地面成跨虛步，兩臂分開，前掌後鈎。拳術的術語稱此為「跨虎式」，故名。

1. 兩掌前掤

兩腕鬆力，兩交叉掌分開，掌心向下、向前探掌；同時右腳向後撤步，腳尖著地。意在左指尖。（圖2-31-1）

【用法】對方向我右腿踢過來，我撤右步，手像白蛇吐信一樣奔對方眼睛，然後用左手鈎住對方踢來之腿。

圖2-31-1

圖2-31-2

2. 兩掌回捋

兩掌相合，右手背貼左陽陵泉穴，身體右轉，右手背貼右陰陵泉穴，同時右腳跟內收（右腳成正南正北方向）；再兩掌相合，右手背向左腳申脈處貼，繼而右手上提至右耳門，接著向前掤出，右拇指指向天，小指指向地，其餘三指向南，手心向左；左掌變鉤向後撤，鉤尖向上；同時上左腳於右腳左前，腳尖著地；眼向東看，意在右掌心，重心在右腳。（圖2-31-2）

【用法】接上動。我用左手抄對方腳腕，另一隻手掛住對方擊來之手，左右兩臂朝前後分開，同時向右急轉身，前腿（左腿）收回靠近右腿，這樣閃開己之正中部分，使對方招法落空而應手向後摔倒。

第三十二式　回身撲面掌

本式共2動。

圖 2-32-1

圖 2-32-2

本式由前向後回轉過身子以後，再發掌撲蓋前擊，故名。

1. 右掌回捋

眼看八方線，從正東看到正西無限遠，腰右轉；在看到正南時，右手心從向東（陰陽掌）變為手心向下（陽掌），手追眼神，右手至正西；重心仍在右腳，意在右掌心，手追眼神至正西無限遠（視線走出太極勁）。（圖2-32-1）

【用法】對方從我身體右側打右拳，我即向右轉身，同時以右掌指尖向對方眼睛虛擊，使對方受到突然襲擊而處於遲鈍或發呆的狀態。

2. 左掌前按

右手中衝穴找左氣衝穴，左膝自動上提，且左手隨之鈎變掌，從左肋旁上提至左大腿上方，手心向上；身體微

右轉，左腳在右腳前落步，弓左步；左掌變手心向下，向前按出，右掌心向上，右掌在左肋前。（圖2-32-2）

此動如直接向前邁步則要往前栽，這時動腳不想腳，而是想右手中衝穴找左氣衝穴，這樣左膝自動提起來。定式時面向正西，重心在左腳，意左肩、肘、手鬆、鬆、鬆，同時想右胯、膝、足蹬、蹬、蹬，意在左掌心，眼看左掌食指尖。

【用法】接上動。我用右掌在對方眼前虛晃，然後立即收回使右掌心向上，以右手背沉採其右臂，進左步，使我陰陵泉穴貼對方陽陵泉穴，鎖住對方後腿，再以左掌擊其面部（有撲蓋之意）。

又如對方用左拳打，跨步大，我隔步套鎖或腳踏中門（對方兩腳中間），意念想腳攔對方後腳上，再鬆（肩）、鬆（肘）、鬆（手）、蹬（胯）、蹬（膝）、蹬（足）。

第三十三式 轉身擺蓮

又稱「雙擺蓮」。本式共4動。

本式右腳弧形運轉與左右兩掌依次相觸的動作，形若風吹擺蓮，故名。

1. 左掌右轉

左手合谷穴找右耳門穴，身體右轉至北偏東（如前面所學雙龍盤玉柱）。重心在左腳，看正東，意在左掌心。

【用法】對方從我背後用右手抓住我右肩，我向右轉身並以左掌粘其右手腕。不要想扣壓其右手，只想自己左

掌心勞宮穴合自己的右肩井穴，彼必掙不脫。

2. 雙掌沉採

抽身長手。身子往下坐，右臂以右掌食指引導，從左肋處向上、向右走弧線高舉過頂，手心向後。（圖2-33-1）

圖2-33-1

3. 放鍘刀

右手臂向右（南偏東），如放鍘刀般下落，高與肩平，同時右手心旋向前方，左掌隨到右臂彎處，右腳跟虛起。重心在左腳，面東，向東平遠望。

【用法】接上動。右掌將對方右手腕扣住後，接著右臂從對方右臂下邊向上穿出，再向右方滾轉下壓。（圖2-33-2、圖2-33-3）

4. 右腳提起

兩臂向右舒伸（兩掌心向下）；右腳向左前方往上提，重心在左腳，意在左掌心；目視東方。（圖2-33-4）

【用法】接上動。我將對方右臂壓住之後，隨之提起右腳，準備發腳。

5. 右腳右擺

意想手比腳長，兩手從右向左擺，右腳從左向右擺，

圖2-33-2

圖2-33-3

圖2-33-4

圖2-33-5

左掌、右掌依次與右腳面相觸，右腳向右前下方落，腳跟著地，成左坐步式（隅步）；兩掌擺至西北上方，掌心向下，左掌在前；重心在左腳，意在左掌心，視線隨左掌食指尖轉向東北。（圖2-33-5）

【用法】接上動。我右腳從左向右擺踢對方腰部，同時左、右兩掌從右向左反擊其面部，這時對方失去重心，

可由我任意擊之。（圖2-33-6）

圖2-33-6

第三十四式　彎弓射虎

本式共4動。

本式兩臂動作、身法的披閃與弓箭步的配合所形成的姿勢好像握弓射箭，故名。

1. 兩掌右擺

左掌摸左環跳，右掌摸左陽陵泉穴，然後按左陰陵泉穴、右陰陵泉穴、右陽陵泉穴、右環跳穴的順序，右掌在前，左掌在後摸，逐漸變右弓步（向東隅步），直到右掌摸到右環跳，面向南，兩肘如撈稻草般兩腕鬆垂（掌心指尖向下），向上提至與頭維穴等高，立腕變拳，兩拳眼相對，拳心向外（南）；重心在右腳，看兩拳，意在右拳。（圖2-34-1）

2. 兩拳俱發

左肘找右膝，右肩找左胯，左拳在下，拳眼斜向上，右拳向左（東）攢出，拳眼斜向下；眼神順右拳眼方向（左前下方）視出；左肘、右膝、右腳大趾上下對齊。重心在右腳，意在右拳；眼看右拳眼延長線與地面交點處。（圖2-34-2）

【用法】對方以左拳擊我胸部，我微向左轉身，並以雙手順其來勢往外、往上略一帶，再兩掌右擺，使其失去重心，再兩手上提以右拳擊其頭部，左拳擊其肋下神經。

圖2-34-1

圖2-34-2

圖2-34-3

圖2-34-4

（圖2-34-3、圖2-34-4）

3. 兩掌左擺

　　兩拳變掌向東南推空氣，左腳跟至右腳旁，兩陰陵泉穴相貼，再向左前方出隅步；在變左弓步的同時，右手摸右環跳穴，左手摸右陽陵泉穴，再按右陰陵泉穴、左陰陵

圖2-34-5　　　　　　　　圖2-34-6

泉穴、左陽陵泉穴直至左手摸到左環跳穴，面向北，兩手
如撈稻草般上提，與頭維穴等高，立腕變拳，其後與動作
1相同，只是左右對換。（圖2-34-5）

4. 兩拳俱發

與本式動作2相同，只是左右對換。眼神順左拳眼方
向（右前下）看去。（圖2-34-6）

第三十五式　卸步搬攔捶

本式共4動。

本式向後撤步的同時，以兩掌向左、右搬移對方來
力，然後用左立掌攔阻對方來手，隨後用右拳進擊敵的肋
部或胸部，故名。

1. 退步右搬（錯捶）

旋左腕，將左合谷穴旋轉向外（左拳心向上），同時

想左肘與右膝合、左肩與右胯合；往後坐身，重心移到右腳（註：一般肩與胯合，肘與膝合，但此處因為左肘在前邊擋著，所以先肘與膝合）；右拳心向下放在左曲池穴處；重心在右腳，看東北生門，意在右拳。（圖2-35-1）

圖2-35-1

此處的技擊作用是：

在彎弓射虎時，對方雙手攥我右手，我一隻手光轉合谷穴也奪不過來，這時想肘膝合，肩胯合，就將對方帶過來了。再右肩與左胯合，右肘與左膝合，此時又把對方帶到左邊。重心仍在右腳，意在右拳，看東南杜門。

錯拳變掌：兩拳變掌，右掌（掌心向下）沿左前臂向前與左掌（掌心向上）相錯時想右掌欲扶左腳腕，左腳腕不讓扶，左腳後撤一步，撤步錯掌要同時，變右弓箭步。兩掌錯掌如第一搬，兩掌搬向右前方（東偏南）。重心在右腳，看右掌（右掌心向下，左掌心向上），意在左腳，左腳為主動，右掌為從動。此一搬是擊打對方翳風穴或頸動脈。不要有意擊打對方，而是想扶左腳腕，撤左腳，右手失控，才擊到對方。這也正是「有心栽花花不開，無心插柳柳成蔭」。

2. 退步左搬

旋右腕，將右合谷穴轉向外（右掌心向上）；同時想

圖2-35-2

圖2-35-3

圖2-35-4

圖2-35-5

右肘找左膝，右肩找左胯，往後坐步，重心移向左腳；左掌心向下放在右曲池穴處。（圖2-35-2、圖2-35-3）

再左肩與右胯合，左肘與右膝合。（圖2-35-4、圖2-35-5）

左掌心向下順右前臂與右掌（右掌心向上）錯掌，兩掌搬向東北方向；同時右腳向後撤，成左弓步（此時左掌

圖2-35-6　　　　　　　　圖2-35-7

欲扶右腳面，右腳不讓扶，右腳向後撤），這是第二搬。
重心在左腳，意在左掌，看左掌食指尖。（圖2-35-6、圖
2-35-7）

【用法】與本式動作1相同。

3. 右掌右攔

身體微左轉；左手下落摸環跳穴，同時右手微上抬，
身體右轉，右手陰掌變陽掌，右手至體右側再變陰掌變
拳，拳心向上裹收於右肋下旁（右後谿穴找帶脈），這叫
生拉死拽，東北為生門，西南為死門，這是外形，意在左
手找環跳；身體後坐，重心在右腳；右手拇指從三間穴到
二間穴到商陽穴一抹且變拳眼向上，此時左手從左環跳穴
向上伸，立掌（掌心向右），面東，左食指對鼻尖，而右
拳在右肋下，意想右肘尖下墜紮地（千斤墜）；重心在左
腳，從左腳向右腳轉移時看左手，而重心在右腳時看右
手，面轉向正東（正前方）時看左食指尖。（圖2-35-8）

圖2-35-8

圖2-35-9

【用法】對方以右拳擊我前胸，我即向後撤步退身，並以左掌攔阻其右臂（右肘下紮地，千斤墜），使對方前進不得。我右拳在右肋旁待發。（圖2-35-9、圖2-35-10）

圖2-35-10

4. 右拳平衝

右拳心找左掌心，右拳伸到左掌心右側；弓左步；右拳繼續前伸，以右臂舒直為度，左掌在右腕後、右肘前；重心在左腳；視線經右拳上面向前平遠看，意想右承山穴往後蹬，頭往前上頂。（圖2-35-11）

【用法】接上動。當我用左臂阻攔對方右臂之後，隨即用右拳（搥）從對方右臂下邊向前進擊敵胸或右腋下神

圖2-35-11

圖2-35-12

圖2-35-13

經。（圖2-35-12、圖2-35-13）

第三十六式　如封似閉

本式共2動。

本式兩臂交叉時形成斜十字狀，好像封條一般（如封），前按的動作好像用手關門（關門兩扇，似閉），故名。

圖2-36-1

圖2-36-2

1. 兩掌分攔

前一動定式時是左弓步。

左掌穿掌到右拳腕部，左手背貼在右前臂外側。（圖2-36-1）

左掌沿右前臂外側至右臂肘部時翻掌變左手心貼右臂外側；同時重心右移，左掌有摸右肩之意，右肩不讓摸，身體左轉，右肩躲開左手；身體轉向正前方（東），重心完全移到右腳；右拳鬆拳變掌，兩臂交叉成斜十字狀，掌心向後，略高於肩（如貼封條）。

兩掌左右分開，掌心向後，食指向上，兩腕與肩同寬高，意想右肘帶住兩掌向後摟空氣至兩耳門前，墜肘變兩掌心相對。（圖2-36-2、圖2-36-3）

【用法】對方抓住或按住我右手腕和肘部，我用左手旋轉之力（身體左轉）以肘的中部劃撥開對方的手之後，撤出右手來，往左右分開，這時對方被拿起。

圖2-36-3

圖2-36-4

2. 兩掌前按

身體重心在右腳時,意想右手依1、2、3、4、5指的順序前上方棥天,外形上兩手心向前按;逐步變左弓步,當重心移到左腳時,想左手依1、2、3、4、5指順序棥天,繼續前按掌,直至到左弓步完成(似閉,也就是關門兩扇);重心在左腳,目光平遠視,意在左掌。(圖2-36-4)

【用法】接上動。我分開雙掌拿起對方之後,隨之意想指棥天,向對方左肩或正中前按。右坐步時,左手前臂接觸對方,右手為陽,意在右手按空氣,即將對方按出,這叫空手打人。變左弓步時,意念由右手轉左手。(圖2-36-5)

或對方攬我雙手,我意想手指棥天,即形向前,意向上避免雙重。右坐步時,意在右手十宣穴。按到左弓步時,意念轉到左手十宣穴,弓步前按,對方即失去重心。

圖2-36-5

第三十七式　抱虎歸山

又稱「十字手」，為收勢。本式共6動。

本式指兩臂分開攔抱，而後兩掌合成十字手於胸前，作為套路終了之式，故名。

1. 兩掌下按

兩腕鬆力，食指指尖向前舒伸，兩掌心向下按（兩掌下採），掌與膝平；重心在左腳，意在左掌，目平遠視。（圖2-37-1）

2. 兩掌橫分

右掌掌心向下向右平捋，但右掌動，不想右掌而要想左手（手心斜向後）向後扒；身體重心逐步移到右腿時，眼看八方線，手追眼神，即從正東先看到正南；右腳掌為軸，掂轉腳尖（成正南），將右掌自動帶過來；眼繼續向

圖2-37-1

圖2-3-2

圖2-37-3

西南看時，屈右膝，左腳自動蹬成正南正北，與右腳成川字步；看到正西時，右手追到西，左手在東，兩手心向下，兩臂略低於肩；重心在右腳，視線由右手食指尖到正西，意在右掌。（圖2-37-2）

【用法】對方以左拳打我胸部，我以右手粘其左腕，右轉身並想左手後扒，則對方失去重心。（圖2-37-3）

或再進右步鎖住對方，右手反摟其腰，對方也失去重

圖2-37-4

圖2-37-5

心。

或掌心翻轉朝天，對方也會仰翻。

3. 兩掌上掤

兩掌欲上掤先向下，即先沉肩墜肘，想右手拇指托天，食指托天，中指托天，兩掌變手心向上（臂外旋），兩掌（隨兩臂上舉）

圖2-37-6

上掤；身隨臂起，左腳跟到右腳旁（左腳虛著地），重心在右腳，意在右指尖；看右手。（圖2-37-4—圖2-37-6）

【用法】接上動。對方失去重心，被抱起，又摔下。

4. 兩肘沉採

兩掌在胸前交叉呈十字，兩食指指天，其餘四指微

圖2-37-7

圖2-37-8

攏，意想兩手食指頂兩個球，球在轉，食指裏有氣感；在轉球的同時要逐漸蹲身，即想鬆踝（照海）、提膝（陰陵泉），到會陰，鬆尾閭，鬆腰（命門），鬆背（夾脊），鬆肩（肩井），鬆肘（曲池），鬆腕（陽池），一節節想，逐漸下蹲，重心在兩腳；眼從交叉兩掌中間平遠看，意念從腳鬆到手腕，最後在兩指指尖。（圖2-37-7）

5. 兩肘平分

兩肘同時鬆力，兩合谷穴分別找兩雲門穴，即兩肘同時向左右平分（肘打），兩手在胸前按食指、中指、拇指的順序相交，低頭看球（從食指、中指、拇指相交後成的孔中下望，有泡沫球），這樣開頸後玉枕關；重心在兩腳，低頭看球。

【用法】肘打。（圖2-37-8）

圖2-37-9

圖2-37-10

6. 太極還原

三環套月：就是將球按入神闕穴內。三環即食指、拇指為一環，中指、拇指為二環，肚臍為三環。（圖2-37-9、圖2-37-10）

將球按進去，球開始有高爾夫球大，縮為乒乓球大，再縮為綠豆大，這時才收小腹，慢慢抬頭，兩掌拇指沿帶脈分開，大拇指放在股骨兩側，兩臂、十指鬆直（非僵直），十指向前，手心向下，兩掌向地下沉採（按下去），借反作用力身子立起來。

調吸三次。吸氣時肚臍貼命門，呼氣時命門催肚臍，外氣從鼻孔出去，內氣沿股骨兩側陽脈到申脈，到足臨泣、五趾、公孫，到照海，到解谿。

按下列次序放鬆（如泥皮脫落般），放鬆到哪裏氣就到哪裏：肩、肘、手（1、2、3、4、5指），最後氣到十指尖，指尖發脹。

圖 2-37-11

　　手掌心貼股骨兩側，即內勞宮穴輕扶股骨兩側，覺得內勞宮穴貼處熱，收小腹，活動手腳（如一次輕扶不熱可再次或多次扶），這樣從鬆靜的行功態轉到清醒態。（圖 2-37-11）

第三章

太極原理重點講解

一、太極拳與易經

太極拳論說：「太極者，無極而生，陰陽之母，動靜之機也。」在太極圖說中解道：太極是研究易學原理的一張重要圖像，它包涵了天地萬物的共同規律在內，所以有人說它是宇宙的模式，是科學的燈塔。

《周易・繫辭》說：「太極生兩儀，兩儀生四象，四象生八卦。」而八卦是易經的符號。

太極名家王培生老先生概括地說：「太極拳是頭頂太極，懷抱八卦，腳踏五行。」

顯而易見，太極拳的理論與易經是分不開的，換言之，易經是太極拳的理論基礎。

現代拳家把太極推崇為太極文化來加以研究，而易經則是我國文化之開端。因為上古伏羲氏演八卦（易），那時還沒有文字，而八卦就是文字的雛形，所以研究太極文化就不能不涉及到易經。

易經是仰視天文、俯查地輿、中通萬物之情，究天人之變，探索宇宙之必變、所變的原理，闡明人生知變、應變、適變之法則，以為人類行為之規範。這一「天人合一」的哲學思想，稱為「天人之學」，它是我國傳統文化的基礎，一切學術思想的根源，包括太極文化也在其中。

儒家將「易」冠為群經之首，而春秋戰國諸子百家以及唐宋以後的各家學術思想，也無不源於易經的「天人之學」，因此，「易」在中國的學術史上的崇高地位不言而喻。

「易」有三種不同系統的易學。

連山易：夏代易學，從艮卦開始。

歸藏：商代易學，從坤卦開始。

周易：周代易學，從乾卦開始。

夏、商二易早已失傳，今日流行之易學即周易。

易經的符號是八卦，稱為卦符。每一卦符又由三個爻組成。陽爻「━」代表陽、剛、男、強、動、奇數等，象徵積極事物，陰爻「╍」代表陰、柔、女、弱、靜、偶數等，象徵消極事物。易由八卦到十翼到太極陰陽五行，源遠流長，經過歷代許多聖賢學者的心血積累而成。漢書說：「易道深，人更三聖，世歷三古。」這還不包括宋之太極圖的研究。

宋代周敦頤在太極圖說中寫到：「無極而太極，太極動而生陽，動極而靜，靜而生陰，靜極復動，一動一靜，互為其根。」這幾句話正是太極拳在行功中的太極內功之狀態。

太極名家王培生老先生曾說：「學習太極拳要明理，明理的明字，橫寫為日、月，日為太陽，月為太陰，明陰陽之理也。豎寫明字為『易』，易即變（運動），即陰陽變化之理。它包括太極拳之虛實、動靜、剛柔、進退、張弛、粘走等形體及太極諸勁。」

王培生老先生著述中說的「頭頂太極」，應當理解為太極拳在行功或推手時，大腦思維時時離不了陰陽哲理，違背陰陽哲理即犯雙重之病。

太極拳論曾說：「每見數年純功不能運化者，率皆自為人制，雙重之病未悟耳。欲避此病，須知陰陽。」所以在太極拳演練中，由體到形，由表及裏，無一違背陰陽之

理，否則枉下工夫，難以登堂入室。

「懷抱八卦」即太極八法（八種手法）。所屬經絡臟腑位與八卦的對應關係如下。

一掤：

在八卦中是坎中滿（☵），方位正北，人體對應穴位是會陰穴，此穴屬腎經。

二捋：

在八卦中是離中虛（☲），方位正南，人體對應穴位是祖竅穴，此穴屬心經。

三擠：

在八卦中是震仰盂（☳），方位正東，人體對應穴位是夾脊穴，此穴屬肝經。

四按：

在八卦中是兌上缺（☱），方位正西，人體對應穴位是膻中穴，此穴屬肺經。

五採：

在八卦中是乾三連（☰），方位隅西北，人體對應穴位是性宮和肺俞兩穴，此穴屬大腸經。

六挒：

在八卦中是坤六段（☷），方位隅西南，人體對應穴位是丹田，此穴屬脾經。

七肘：

在八卦中是艮覆碗（☶），方位隅東北，人體對應穴位是肩井穴，此穴屬胃經。

八靠：

在八卦中是巽下斷（☴），方位隅東南，人體對應

穴位是玉枕穴，此穴屬膽經。

「腳踏五行」即五種步法，指進、退、顧、盼、定，即金、木、水、火、土，對應關係分述如下。

一前進：

五行屬水，對應穴位是會陰穴，屬腎經。

二後退：

五行屬火，對應穴位是祖竅穴，屬心經。

三左顧：

五行屬木，對應穴位是夾脊穴，屬肝經。

四右盼：

五行屬金，對應穴位是膻中穴，屬肺經。

五中定：

五行屬土，對應穴位是丹田穴，屬脾經。

綜上所述，八法五步與易經之卦、宇宙之位、人體之穴（經絡）三者對應關係都有了詳細論述。

筆者從王培生老先生學習拳藝十餘載，茲將上述太極拳哲理，綜合在一張後天八卦圖中（見下頁圖後天八卦圖），有不妥之處，請太極愛好者指正。

從內向外：㈠太極圖象；㈡五步（中定來註）；㈢八卦卦符；㈣八卦卦名；㈤方位；㈥臟腑；㈦太極八法；㈧對應穴位；㈨五行；㈩八門。

二、如何克服雙重之病

王宗岳在《太極拳論》中說：「每見數年純功不能運化者，率皆自為人制，雙重之病未悟耳。」

在習練傳統太極拳的多數人中，這是個極待解決的問

後天八卦圖

題。我查閱了幾部太極名家的著作，對雙重的問題見解各有不同，舉例如下。

其一，經濟管理出版社出版的《楊式太極拳老六路內功解秘》第260頁說：古人云：持德者昌，持力者亡。易曰：天行健，君子以自強不息。蓋言虛則靈，靈則動，動則變，變則化，化則無滯耳。善應敵者，常制人而不制於人，而況自為人制乎。用功雖純，苟不悟雙重之弊，猶未

學耳。

評：文章引經據典，首先就具備有了權威性。文章寫到「持德者昌，持力者亡」。我認同這句話，德者意也，符合太極之理，只是太抽象了一些，具體如何解決雙重之病，則未言也。

此書作者又引用了易經的「天行健，君子以自強不息」，這句話引用的是《易經》六十四卦中的第一卦，乾卦的象辭，乾三聯與乾三聯重疊成天，天體運行，日復一日，從不休止，君子就應自強，努力不懈，力求進步。我認為此卦與《太極拳論》中的雙重之病是風馬牛不相及，扯不到一塊去。

其二，山西科學技術出版社出版的《古拳論闡釋》第245頁說：形的虛實開合，及上下相隨方法，可不犯雙重之病，內勁以丹田氣海為中心的外發內收為用，可不犯雙重之病，內勁與形體配合有逆從之法，陰陽動變平衡，可不犯雙重之病，任何攻防招法變化，保證中土不離位的基礎上，乃自身內不犯雙重之病。

評：此文把外形與內勁，丹田與氣海，外發與內收，逆從之法，動變平衡，中土不離位……這些拳術理論羅列起來，如何不犯雙重之病，讀完之後，仍是一頭霧水，只能望文興歎了。

其三，當代中國出版社出版的《大道顯隱》第264頁說：雙重之病，病於填實，與沉不同也。雙沉之不為病，自爾騰虛，與重不易也。

評：文中之義，雙重之為病，是由於實，雙沉之不為病，是由於虛，也就是說克服雙重，只在虛實上下功夫，

在實踐中（推手與散手）具體虛實落於何處？還是不夠明確。

上述幾位作者，都是太極拳名家，其水準造詣均臻高級階段。在雙重問題上，非不明也，乃實不欲言耳。毋庸諱言，武林中對技藝保守、保密非常嚴重，對一些高深技藝，只傳子女或愛徒，對一般學子是泛泛而言，只教些皮毛，從不講實質的內涵。

有一篇序言中寫到，世人演練太極拳，而得太極拳之真諦者可謂鳳毛麟角，豈不聞內家拳術精微所在，亦深自秘惜，掩關自理，學子皆不得見，不少有志上進之後學，臨太極之門徑，望洋興嘆。致使太極拳水準每況愈下，推手變成了頂牛，將對方頂出圈即為勝者。

筆者今年86歲，30年前由於患冠心病，開始學太極拳，有幸拜在王培生大師門下，仍屬業餘太極拳愛好者，在拳的道路上仍屬後進，雖後仍進。在50年代，我們曾經學過前蘇聯的巴甫洛夫的「條件反射論」，即人的身體某一部位受到外力（外界）的作用或刺激，身體的那一部位未經大腦指揮，不自覺地馬上進行抵抗或躲閃。從而避免了外界對自己的傷害。這種不自覺的自我保護就是「條件反射」。這在太極拳理論中就叫做丟與頂。太極拳是高級的技擊，就利用你這不自覺的條件反射的丟與頂（雙重）來擊敗你。也就是說，對方的力作用到你的身上某一點上（接觸點），你用重力在這一點上去抵抗，雙方的力集中在這一點上，這就叫做雙重。

如果你能在思想意識上（意念）丟開接觸點上對方的力，把它轉移到你的食指端（十宣穴）上，這叫錯點，對

方的力對你就不起作用，因而可以做到巋然不動。

我的結論是：無論在攻與防上，意念上丟不開接觸點就是「雙重」，能在意念上利用錯點丟開接觸點，就不是「雙重」了。如果說雙方都明此理，孰勝孰負？就看你把接觸點丟得乾淨與否，這就是水準問題。和「鬆」這個概念一樣，是相對的，不是絕對的。

舉個實例，對方用力抓住你的右腕使你動彈不得，你這時用右腕努力去掙脫，雙方的力都在你的右腕上，這就是「雙重」。當然，誰力大誰勝，誰手快誰勝，這是外家拳，不是太極拳。

如果這時你把右腕鬆垂，把點錯到你右手食指端十宣穴上（能感到食指端有氣感），食指端是個魚鉤，用意念鉤住對方左腳外踝申脈上，因他的接觸點是右手手心，右手與左腳在生理學上是交互神經的對應點，你一轉腰，右手定位隨腰而動（實際右手未動，只是意在右手食指十宣穴上），即把對方擲出。

把右腕的力點錯到右手食指十宣穴上克服了對方的力是陰，同時意念鉤住對方左腳外踝申脈穴而將對方擲出是陽。這就是陰不離陽，陽不離陰，陰陽相濟。敘述有先有後，但陰陽互動，沒有先後的時間差。

再舉一個實例，對方用手推你的胸部，其手尚未上前，你已然做到空胸緊背（氣貼背），胸部有了接觸點，把該點轉移到右手食指十宣穴上，十宣穴指向對方中心線，由中心斜向對方身後一點，超其象外得其寰中，你只是指向空氣，並未接觸對方實體，對方已仰跌而出。

我總結了一個口訣：「尾閭上三山，錯點到指端，手

動身腰定，身動手相連。」上述只是一己拙見，尚望明家斧正。

交互神經解。

行走時向前邁左腳，則右手自動向前擺出，邁右腳，左手亦同時自動向前擺出。雙腳跑得越快，雙手擺動得越厲害，走與跑用的是腳，不是手，手為何如此擺動？這在生理學上叫做交互神經，這是不自覺的動作，目的是保持自身平衡。

在交互神經上有對應點，左肩與右胯，右肩與左胯，左肘與右膝，右肘與左膝，左手與右足，右手與左足，左手拇指與右足小趾……右手拇、二、三、四、小指與左足小、四、三、二、大趾為對應點。王培生大師利用西方生理學交互神經特點，將其運用在太極拳的技擊上。破壞對方的平衡也是交互神經對應點，是一大貢獻。例如，你要沉採對方右肘，把注意力放在對方右肘上，即犯雙重之病，而應是採對方右肘時，意念放在對方右肘對應點——左膝委中穴上，對方即應手而撲。

三、細析攬雀尾

「攬雀尾」一式，過去叫「懶紮衣」。紮衣是指在動手前（技擊或勞動），先把衣服的下擺（長衫）盤在腰間，動作俐落。懶紮衣是不屑紮衣，表示心靜放鬆，卻有輕敵之意。兵法云：「怯敵者必敗，輕敵者必敗。」說的是兩軍戰前的兩種不正常的心理狀態。大部隊作戰是如此，各人角技技擊亦如此。如何克服非此即彼的兩種心理狀態，武術前輩把此式命名為攬雀尾，非常高明，把敵人

的來手比喻為鳥雀的尾巴。設想一個鳥雀的尾巴撲通在你臉前，你能輕視它嗎？但是你也不會恐懼它。有了這個意識，也就克服了輕敵或怯敵的心理狀態。

再說攬字，纜繩攬住了船舶，船可以順潮浪來回飄動而跑不了，但它又不是捆綁，這就體現了太極拳的粘黏勁。另一含義是：太極拳出手要像繩索一樣輕柔，而不要像棍棒一樣僵硬。

太極拳套路中有81式、83式或108式，其實基本式子只有37個，其他都是重複動作，在37個基本式子中，攬雀尾可以說是「核」。它包含了掤、捋、擠、按、採、挒、肘、靠八種手法。能把這一式弄明白了，吃透了，對其他式子雖不能說迎刃而解，也明白了多半。現在就把吳式太極拳中攬雀尾一式的八動分述如下。

第一動　左抱七星

在前一式（太極起勢）結束後，呈馬步下蹲，體重分佈於兩腿上。按太極原理，「陰陽腳下分」，實腿為陰，虛腿為陽，這時陰陽不分。

我查閱了三位名家著作（姑隱其名）都是重心右移，由馬步變成了右坐步，出現了陰陽，右腿為實腿，為陰；左腿為虛腿，為陽。由於身體交互神經的結構，則左手為陰。左抱七星開始左掌上掤（陰），如何掤得上去？這就違背了陰陽哲理，對讀者來說就是誤導，這豈不是以其昏昏，使人昭昭嗎？

王培生老師在著作中說：體重不右移（仍呈馬步），右腕上提，有意無形，則左踝感到沉重；右肘上提有意無

形，則左膝感到沉重；右肩上提有意無形，則左胯感到沉重。這時外形兩腿不分陰陽，實際上，左腿已是陰、右腿已是陽了。按交互神經結構對應點來說，右腿為陽，則左手亦為陽，這時意念放在左手上就可以上掤了（意念永遠在陽手上）。

一般對上三路的來手（胸部以上）是採用向上或向外格架，但對方另一隻手仍可擊來或以腿踢來。太極拳的「左抱七星」是向身體正中掤起，實際上是以拇指為軸，四指為輪向上旋起，是粘著對方右前臂向上旋起（是粘黏勁，不是硬碰硬的格架），粘著對方的右臂，意想對方的左腿（交互神經對應點），對方就會被整體向左提起，因被搜根而成敗勢。同時自己體重右移，右肩背後催左胯（後三合），左腳伸出，腳跟著地，為腳踏中門做準備。

所謂「七星」是頭、左肩、左肘、左手、右胯、右膝、右腳這七個活關節。頭、肩、肘、手為斗勺；胯、膝、足為斗柄。

註：如果認為意走手、肘、肩，即梢、中、根三節太慢，可用意念把丹田氣沉放左湧泉穴，也會感到左腿沉重。雖然外形未動，仍呈馬步勢，但陰陽已分，左腿為陰，右腿為陽。

第二動　右掌打擠

意在左掌拇指鬆垂去合右腳小趾，則左掌自動橫於胸前，右掌根貼於左手脈門處，右肘催左膝（委中穴），由右坐步變左弓步，同時背後夾脊穴去合左湧泉穴，湧泉穴要有反應，有騰挪感。要找夾脊，左掌食指為軸，內旋不

超過30°。右掌以掌根為軸外旋，不超過30°，去摸左腳，對方即被擠出仰翻於地。

註1：夾脊為陽，湧泉為陰，陽去合陰，陰要有反應。回抱陽，前腳有騰起之意，自身體重會落到對方身上，對方成了自己的前腳，自己前腳以腳踏對方中門。

註2：兩掌可不做內旋、外旋30°，而是左掌走橫（先走），右掌走直（時間差很短），對方即被擊出。

註3：打擠時，右掌掌根托在左臂彎曲池穴處，兩小指少衝穴像剪刀一樣相合，同時身體由右坐步變左弓步，夾脊合湧泉，對方即敗出。

註4：目中無人，變左弓步同時，自己用右掌心擊打自己左前臂內關穴處，對方即出。

第三動　右抱七星

左掌不動，右掌掌根沿左掌拇指方向由正南揮向西南，再到正西，右手揮向西南45°時，左腳跟為軸，腳尖虛起，收小腹轉向正西。這時重心在左腿（為陰），右手亦為陰。如果對方用手阻住你的右臂，你就揮動不了。這時你可用眼神看正南（景門），手追眼神再看西南（死門），手仍追眼神揮向西南，眼神再看正西（驚門），手仍追眼神揮向正西，對方即被掤出，這叫神打。

另一種是意打，右臂向右前伸展時，意想左掌心（為陽）塞向右腳心，而外形是左掌心塞在右肘尖下，翻左掌心向上，左合谷穴找右曲池穴，同時右腳跟一收，腳尖朝向正西。翻左掌收右腳時，帶動腰向右轉，左腎托右腎，這叫「轉腰子」，對方即被掤出，這叫意打。此式用神、

用意勻可。

第四動　左掌打擠

與第二動右掌打擠要領相同，只是左右互換。

第五動　右掌回捋

右掌向右前方舒展時，拇、二、三、四、小指依次想指甲蓋托天，十宣穴前放一尺二（四拳距離）。當對方抓住我右手腕向後沉採時，我順其勢用手指端向前送出，對方即已失重。右掌向前送到極限，臏骨已到前腳大趾的大敦穴時，我將右氣衝穴合在右腹骨溝上，穩定身形，支撐六面勁。把小指、無名指、中指輕貼在對方右手外關穴上（因對方右手抓在我右腕上），食指一想挑眉毛（給對方一個假象），馬上拇指彈塵，右肩背後一合左胯，右掌捋在胯側（後三合），這叫有如長山之蛇，擊其首則尾應之。和對方接觸點為右腕（為蛇頭），我用右肩（為蛇尾）合左胯，採捋對方右腕外關穴（陽），要想對方左腳腕照海穴（陰），對方即前傾跌。

第六動　右掌前掤

前動定勢已成左坐步，重心在左腳為陰，由於交互神經結構則右掌亦為陰，左掌為陽。意在左掌翻右掌，使之掌心翻向上，意念托起右腳。左肩找右胯（前三合），肩胯一合，右腳尖自然翹起，左掌粘著右掌，使右肘少海穴垂直一線，從右膝外側（右陽陵）經膝後委中穴到右陰陵穴，到左陰陵穴前到左陽陵穴，呈一S路線，腰也隨轉。

再想左肩從背後合右環跳穴（後三合）把右手送出，意在左掌沾著右掌脈門送出，送向西南轉向正西。

由於陰陽虛實之太極哲理，雖然名為「右掌前掤」，但重心在左腿，陰陽腳下分，左腿為陰，則左手為陽。意在左手，左手為主動，右手為從動，是主從動關係。

第七動　右掌後掤

外形是右掌向後方走外弧線移動，謂之「右盼」。有位老師說左顧右盼，就是左旋右旋，說左顧右顧可以，說左盼右盼也可以，而說左顧右盼是避免雷同，聽起來提神。中國的漢字非常嚴謹，盼是盼望，有上仰之意，顧是照顧，有下俯之意。所以我認為左顧是下旋，右盼是上旋。左顧是逆時針的下螺旋，右盼是順時針的上螺旋。這由身體內部結構而定，是順乎自然求自然。

有人編新拳式，來個左右攬雀尾，認為運動上全面，實際上是違背了自然規律，逆反了身體內部結構。

我個人這樣認識，有待商權。既是右旋，就要注意一點，不能丟頂，百會要和會陰上下一條線，全憑左右轉。右掌向右後方移動到拇指與絲竹空穴等高。移動右掌不要想右掌，要以會陰穴為軸，尾閭穴為半徑右旋。右環跳穴為半徑右旋，右肘少海穴為半徑右旋，這叫「尾閭帶胯肘，勁源自上手」。接觸點在右掌，意不在接觸點上（否則即犯雙重之病），而在尾閭、環跳、少海三條弧線上，即把對方掤出，或用粘黏勁把對方粘出。

第八動　右掌前按

按以前，右掌拇指在絲竹空（眉梢處）沉肩墜肘，使拇指合一下右地倉穴（嘴邊）。這時如果對方抓住我的右腕我就動不了。這時我的重心在左腳（為陰），我只要想左肩與右胯相合（前三合），便自動克服了外來阻力。合到右地倉穴上，右腳尖扣向正南，形成丁八步，右掌同時按向東南，重心在左腳（為陰），左掌亦為陰，這樣做是克服不了外力的。

左掌為陽，意在左掌，粘著右掌的脈門向東南按出，左掌為主動，右掌為從動，是主從動關係。使右掌拇指從右地倉穴合到了左地倉穴。此時重心仍在左腳，眼觀東南杜門，右掌隨眼光按向東南杜門。

杜門意即關門。右掌猶如按在一堵牆上，反作用力反倒把體重按到右腳上，此時出一靠勁，再一想玉枕穴，躺在枕頭上，我一舒服，對方就不舒服了，我用右肩即將對方靠出。此時再將右掌按向西南，對方抓住我右腕，我按不出去，此時丟面打點，想拇、食、中、無名、小指順序向下旋向西南，即將對方按出。右掌拇指與右腳小趾垂直成一線。攬雀尾一式八動即完成了。

第四章

弟子心語

滙編感受

俞克賢

吳式傳統太極拳八十三式和三十七式是前輩為後人留下的寶貴財富，是傳統文化的載體，是健身強體、造福於民的無價之寶。趙琴老師身為吳式太極拳的第五代傳人，多年來以傳承太極文化為己任，一方面體悟綜合，性命雙修，不斷提升個人造詣，一方面毫無保留地向弟子和學生傳授拳藝，使眾人受益，深受大家的愛戴。

八十三式授課實錄由老師的學生蘇雲、李長庚記錄，經周宏策整理，梁傑燦再度整理後，老師幾次批閱，對實錄進行了詳細的修訂，還特別撰寫了「太極拳理」，為初學者答疑解惑。

作為老師的弟子，我在為本書初稿做最後滙編的時候，內心誠惶誠恐。自己學拳時間不短，但是在理論和實踐中離老師的要求還遠。能極盡全力做好本書的基礎工作，是我最大的榮幸。其中若有疏漏，敬請指出，以便今後更正。

學拳練功

王同元

在跟隨趙老師學拳練功的過程中，我在老師身上看到

了什麼是對太極拳的愛，什麼是認真、執著和苦練、研悟。他在自身修煉上精益求精，重視規範，體悟拳理，驗練拳法，可謂是明拳理、得拳法。

在授拳教徒時對學子要求嚴格，無論是弟子還是學生，同樣對待，經常強調的要求是要打個明白拳，要知道太極拳的陰陽哲理，要懂得八門五步十三式的內在，陰陽腳下分是怎樣分的，上下相隨是怎樣隨的。若不明白，他就用易懂的齒輪轉動中主動輪與從動輪的關係生動地分析講解，直至我們懂了為止。

在應用的著法傳授上，他對每一式一動均認真分解示範。更讓人感動的是80多歲高齡的老人為了讓學生們明白其法，還要做靶子餵手來講解和體驗。每當聽到「有了，不行，對了，再來，好……」的時候，我們內心的感受和滋味是無法用語言來表達的。

就這樣，我們掌握了一些東西，將它應用在打拳練功上，也就自然不自然地做到了拳論上說的「有人之處似無人，無人之處似有人」「由著熟漸悟懂勁，懂勁後越練越精」的要求，也就有的放矢了。

在給我們講解王茂齋宗師所傳吳式太極拳老架子八十三式時，他毫無保留地把其精髓隨著套路將意念活動以循經走穴等方式傳授給弟子和學生們，得其法後，應用在盤架子的每一式和每一動中就順其自然地做到了「以心行意，以意尋氣，以氣運身」，在自然中得其法，見其功，順其自然而求自然，這是多麼自然的太極化呀！有如此無私和德高望重的老師，用如此無私而獨特的太極化方式，為我們入門引路，真可謂是我輩的幸事。

學拳十年

鐘　戈

　　我跟隨趙琴老師學習吳式太極拳已將近10年，雖不敢說拳藝精進，也頗有收穫。偶爾回首，覺得10年來最大的收穫，就是學習打太極拳給個人生活帶來的變化。

　　我比較喜歡運動，高中練長跑，大學打籃球，工作以後學會了游泳，每每樂此不疲。2002年夏季，在陳友元師哥的介紹下，跟隨趙老師練習吳式太極拳。初學數年，懵懵懂懂。古稀之年的趙老師不辭辛勞，經常拆招餵手將我發出數丈開外，自己卻總是體會不到太極勁運用之法，有時也很苦惱。

　　直到練習拳架兩年多後，一次和陳友元師哥切磋，使用趙老師所教方法發勁，陳師哥一邊化解，一邊告知我他感覺打到他身體何處部位上了，那一時刻終於有茅塞頓開之感，總算學入門了。後面再練拳，老師的各種教誨逐漸都聽進心裏，用在身上，感覺收穫越來越大，進步也越來越快了。2010年10月拜師入門。

　　現在，除去太極拳鍛鍊，平常我再無其他鍛鍊方式。我的工作是做電腦軟體，工作壓力很大。透過打太極拳，在保持高強度工作的狀態下，就是有跑、跳等劇烈運動也仍感覺步履輕盈，呼吸順暢。日常說話，中氣很足。偶有小病，吃點中藥即好。可見太極拳健身之功效！

　　為了學好太極拳，閱讀了很多介紹傳統文化的書籍，

開拓了視野，陶冶了情操。待人處事，不知不覺之間常使用太極之思維，感覺生活順暢了不少。太極拳藝成為我最寶貴的人生財富。

趙老師從50歲開始，師從一代名家王培生練習吳式太極拳，幾十年來，造詣極深。傳統武術界在傳授武學方面還是很保守的，但趙老師沒有這些積習。他知自己學拳的不易，故在教學中，拳意、心得都是傾囊相授，這一點很多學生都很感激。

趙老師教拳極其認真，備課、授課、言傳身教一絲不苟，一招一式都拆解成很具體細微的動作，讓學生逐一練習，評審指點，直到合格為止。

趙老師講授的吳式傳統太極拳，嚴格遵循了王培生師爺的循經走穴、「意氣君來骨肉臣」等特點，要求一舉一動，無不意在手先，同時輔之以各種太極勁發人的餵手訓練。這種言傳與身教緊密結合的教學方式，最大限度地幫助學生領會太極拳藝的奧妙，並在正確的方向上努力學習，進而拳藝日進。

趙老師為人友善，德藝雙馨，無論是在吳式門派還是在其他太極拳門派中，都有很高的口碑。老師勤於學習、思考，博採眾長，時有獨到的心得體會，並不斷將這些心得無私傳授給徒弟們。能成為趙琴老師的學生，我感覺三生有幸！

從大眾到小眾

李　輝

　　10多年前，我因為身體不好，接受友人的建議，開始習練太極拳。從二十四式太極拳開始學起，漸至各式普及健身的拳、劍、扇，體質大有改善。因少年時學過舞蹈，達到靜、鬆、正、圓的標準不甚費力，以為太極不過如此。

　　2009年夏天，因寫《口述抗戰歷史》之故初識趙老師，知老師是50歲以後開始習練太極拳，後拜王培生老師學習吳式太極拳，30年如一日孜孜以求，卓有成就。所著《半瓶齋詮注》一書，將吳式三十七式太極拳的健身與技擊要點分段評注，給初學者和研究者提供了一份新鮮而獨特的教材，甫一出版即受到好評，首印的5000冊半年之內銷售一空。遂萌學拳之意。

　　受老師的抬愛，2010年10月拜師入門，方知太極天地之深廣，深覺自己見識太短。

　　簡言之，現在的太極拳大約分為兩類，一類是競賽套路，這是根據傳統太極拳再次組合的套路，年輕運動員的基本功扎實，加上精心編排的套路，打起來行雲流水一般，非常漂亮。它的一個分支是健身太極拳，以競賽套路為教學樣式，簡化和易化之後，成為大眾健身項目，晨練的主要形式之一。

　　一類是傳統太極拳，歷代走師承形式，實行言傳身

教，手把手，一一對應。傳統太極拳每一動裏所包含的陰陽轉換、穴位經絡間的對應和路線，乃至養生和技擊等內容，非常深刻，屬於小眾習練項目，不易推廣。我由健身太極而轉學傳統吳式，看著老師的動作不複雜，講述也聽得明白，就是自己一動手一伸足，完全暈之乎也。

　　起初，最大的困難是不知什麼叫陰陽。競賽套路是不講陰陽的，講究外形動作的規範，集體打拳時的整齊劃一，比如手臂的弧度、腳的位置等等。而傳統太極的陰陽，如老師說的：循環無端的太極陰陽哲理，規範著太極拳的一筆一劃。這個理解起來很難，在盤架子的時候，怎樣做到陰陽腳下分？就算是心裏想著，還是常常做不到位。此時動作的變化，不再是單純的技術動作，而是應陰陽變化才發生的肢體變化。所以，每當練習時，必要想著老師授課的重點話語，才能勉勉強強打下來。跟隨老師學拳將近一年，進步不大。面對老師，經常覺得慚愧。

　　最近看老師前些年打三十七式的錄像，如觀唐之魏碑，魄力雄強，氣象渾穆，我覺得這應該是我的目標。

拜師於千里之外

馬振宇

　　我是 2005 年開始學習太極拳的，一練就是 4 年。在 4 年的學練中，總覺得不甚得法，進步不大。為此，閱讀了很多太極拳書籍及太極拳「拳經」「拳論」。沒想到，越是學習，反而不知其所以然，更不會練了，很是苦悶。後

來為了查找更多的太極拳的文章，在網上看到太極大師王培生先生的吳式三十七式太極拳的視頻，這才感覺到了什麼是太極拳。

為了收集王培生先生的更多資料，我跑遍了太原的各大書店、舊書市場，但一無所獲。時隔月餘，在一家書店發現了我的恩師、王培生先生的入室弟子趙琴先生所著《吳式太極拳三十七式詮釋》一書，如獲至寶。我曾兩次進京尋師，在2010年第二次進京尋師時，有幸見到了趙琴老師，次年的5月1日正式拜師。我一共進京三次，和師傅學拳總共不到一月，效果卻非昔日可比。

古人云：師傅領進門，修行在個人。學習太極拳也一樣，要有名師領路。我說的名師不是名聲很大，而是明理的師傅，要明太極陰陽之理。趙老師傳藝，誠心誠意，認真負責，對弟子們有憐才育才之情，成為他老人家的弟子是我的福分。

跟老師學吳式拳兩年有餘，有了一點心得，以前練太極拳「鬆」不知從何處下手，經師傅指點，現在不但能「鬆」，在「鬆」的同時找到沉的感覺，節節貫穿隨之也有了。現在練拳雜念也少了，它總要求想某一個穴位或某一點，這就是師傅講的「一念」破萬念。

透過外三合的要求，勁力也練整了，打起拳來圓意也有了，精、氣、神也往一處聚了，練拳時注意「交互神經」及對應點，上下相隨的問題也就解決了。

以前在推手時，很難做到不頂，克服頂的同時又容易犯扁的毛病。練拳時，仔細體會師傅傳的口訣：「尾閭上三山，錯點到指端，手到身要定，身動手相連。」漸漸地

去掉了「頂」和「雙重」的毛病，扁的毛病也就在沒出現。再加上「交互神經」及時應對，陰陽相濟，推手的能力也提高了很多。師傅說拳講得最多的就是陰陽，每一動、每一式都要講到陰陽。其次是意念、意念和陰陽的關係，我得到的體會是在整個太極拳及推手的運行過程中，是全由意念完成的，它走的是連續的弧線，而且是虛線及點狀線，由一點到下一點。

學太極拳記

陳長福

15年前，我得了重症肝炎、肝急劇萎縮，經治療病癒出院，心情低落到了極點。與我前後住院治療的6個人，親眼看著走了4個。命是撿回來了，今後會怎麼樣呢？醫生對我說：這種病，預後不良，好自為之。太太說：得這樣的病，只有5%的人能夠成活下來，你算是幸運兒了。

第二年，查出肝硬化。醫生說：這是比較好的結果，這樣可以多活幾年。從此，我開始了漫長的求醫之路，大大小小的名醫，高高低低的醫院，我求了一個遍，結果卻是膽結石手術後，反而發展成中度肝硬化、腹水。辦理病退之後，開始了新的求醫之路。

這次，我向傳統醫學求助，通過不斷的治療和調理，身體逐漸好轉，暫時沒有了性命之憂，但身體依然很差，恢復健康的速度很慢。經由多方瞭解，聽說打太極拳可以強身健體，我把恢復健康的目標指向習練太極拳。

　　但是，問題來了，第一個問題是學什麼？我翻遍了書店的有關書籍，發現太極拳之外還有太極劍、太極扇等等，種類很多，套路更多，令人我這個門外漢眼花繚亂。除此之外，我年近半百，身體又是這個樣子，真是不知怎麼辦才好。只好先從瞭解入手吧。我一頭紮進太極拳的書籍裏面，多看多讀，經幾個月的瞭解，覺得吳式太極拳應該適合我。

　　第一，吳英華、馬岳梁、楊禹廷等老前輩都是90多歲天年而去，吳圖南更是享年105歲，那麼它應是一個長壽拳。

　　第二，以柔和為主。我身體當時很弱，陳式拳的剛猛之動作肯定不適合我，這種君子拳對我再適合不過了。

　　第三，把意念放到第一位，按恩格斯的說法，運動的最高形式是思維運動，對身體的恢復再好不過。

　　我心裏認定練吳式太極拳。

　　第二個問題是跟誰學？正愁找不到老師的時候，天助我也，某天又逛書店的時候，我發現了趙琴老師的《半瓶齋詮注——太極拳的健身與技擊作用》。老師曲折而奮進的人生，對太極拳的深刻瞭解，豁達嚴謹的態度，這一切，讓我產生了強烈的震撼、強烈的共鳴，更重要的是老師不保守。我認定這就是我的老師，上北京，拜師去。

　　2010年10月，我成為老師的學生，2011年5月，拜師入門成為老師的關門弟子。一年多來老師手把手的教導和練習，有如下收穫：

　　1. 身體逐步健康。一年前臉上的青黑色基本消失，逐漸泛出紅光。原來疲勞過度，要一兩月個才能恢復，現在

一兩天就能恢復。

2. 頭腦越來越清爽，越來越明晰，原來一天到晚都是昏昏沉沉的，不能做事。

3. 對傳統文化領會越來越深刻，特別是對陰陽的理解，原來基本上是停留在字面意思，現在對它有了實質上的理解。

4. 做人做事也越來越理性。太極拳也是教人如何做人的拳，立身中正，也是做人的基本準則。

感受還有很多很多，一句話，收穫極大。這一切，全拜老師所賜，在此，我向老師深深的鞠上一躬：謝謝您！

太極拳是門精確的學問

關　勤

太極拳是什麼？很長時間我被這個問題困擾，試圖去找到一個答案。在跟老師學拳的一年左右時間裏，我覺得我離找到這個問題的答案越來越近了。

初學太極，是在大學的體育必修課上，教二十四式簡化太極拳的老師很敬業，仔細教每個動作，弓步開多大，手到什麼高度。那時的太極拳對我來說，更像是軟綿綿的體操，一種很有欣賞性的全民體育運動。之後參加了學校的太極拳協會，課餘學習過太極拳新架、老架，以及太極刀、太極劍等。

一段時間之後，發現接觸了不同的套路，記住了更多式子，而對太極拳的理解，還停留在套路招式的階段，幾

個月之後，便索然無味。民間傳說的太極拳，時有隔空發人的玄妙；或者是養生的靈丹妙藥，能醫治百病。加之太極拳內涵豐富，兼有技擊和健身的作用，似是而非的宣傳也讓我這樣的初學者不知所從。

直到跟隨老師學拳之後，才對這項運動有了新的認識。在學習過程中，逐漸發現，太極拳不但是武術，也是一門精確的學問。

首先，太極拳是可以檢驗的。比如放鬆。老師講的放鬆，如何沉肩墜肘，如何涵胸拔背，再如何做到鬆腰和鬆胯，環環相扣。初看時覺得沒有什麼特別，但是在實踐過程中才體會到，原來放鬆的感覺可以是這樣的。按照老師的方法，我在放鬆過程中體會到拔背虛領的感覺。這種感覺，缺了任何一個環節都體會不到。再有一次老師在演示「如何克服雙重」時，我用雙手抓老師的手腕，老師意念上丟開手腕後，一個肩找胯後三合，打得我眼冒金星，至今記憶尤新。

第二，太極拳是可以推導的。老師歸納而出的吳式太極拳的三個基本特點，一是東方易學的陰陽哲理，二是西方生理學的交互神經對應點，三是內經的經絡穴位。老師在教學中始終貫穿這三點。套路中的每個動作是否到位，推手過程的實際運用，都用這三個基本特點去解釋。但是，學拳有沒有自我檢查的方法？我覺得是有的，至少自己在練拳的過程中，就常常拿這三點作為一個標準來自我衡量。有了這套標準，我越來越覺得，太極拳有章可循，不是不可捉摸的玄幻之學。

老師常用物理學中的槓桿、螺旋來解釋太極拳中的

力，市場上也已經有專門用力學原理來解釋太極拳的書籍。遵循老師的教導，再結合這些書，我試圖根據所學的物理知識，去體會太極拳中的不同的力。在這個過程中，我感覺太極拳更像是一門科學，是可以用定理去證明，用基本原理去推導的學問。在太極拳的學習過程中，感覺越是去鑽研，越能體會到太極拳大道至簡的美妙。

第三，學拳有沒有竅門？很多人說，竅門就是多練。我覺得這個說法不科學。多練，一定要知道怎麼練。如果不明白太極拳的要領，很難堅持練習，也很吃力，或者越是堅持，偏差就越大。明確和掌握了正確的要領，就能練一次有一次的體會，練一天有一天的體會，每次都不相同。以前有一段時間，上一天班，總是會覺得累。堅持練習，便會感覺神清氣爽，即使偶爾加班也不感覺到累。如果練的不夠，那種容易疲乏的狀態很快會找上門來。

我有幸能從老師這裏受益，體會到太極拳的博大精深。淺嘗之後，自不甘於此，也希望能在以後的學習中，對太極拳有越來越深入的理解。

後 記

《太極拳授課實錄》如期付梓，是個好事，這本書在趙琴老師多年授課實錄的基礎上整理而成。趙琴老師從事吳式太極拳教學已有 20 多年，學生者眾。他為教學方便，每一次講課之前都認真準備教案，並在教學實踐中不斷改進修正。

本書就是根據授課實錄整理成冊的，現在，簡體字版人民體育出版社編輯出版（繁體字：大展出版社），豐富了太極拳的教材，為更多的吳式太極拳愛好者提供習練的指導。

趙琴老師今年已經 86 歲高齡，在本書的編輯和光碟製作過程中，得到多位徒弟的傾力相助。他們是周鴻策、俞克賢、關勤、李輝等人，在此一併表示真誠的感謝。

趙琴老師年事已高，已不便經常授課。如有同好或願交流者請與趙琴老師和徒弟聯繫。

趙　琴：dan ping zhai@yahoo.cn

關　勤：11927242@qq.com

馬振宇：1062468073@qq.com

作者內助　張鳳雪

休閒保健叢書

瘦身
保健按摩術
定價200元

顏面美容
保健按摩術
定價200元

足部
保健按摩術
定價200元

養生保健
按摩術
定價280元

頭部
穴道保健術
定價180元

健身
醫療運動處方
定價230元

美容 美體
點穴術
定價350元

中外保健按摩
技法全集
定價550元

中醫
三養生
定價300元

運動
創傷
康復診療
SPORT
定價550元

養生
抗老
指南
定價350元

創傷骨折
救護與康復
定價220元

百病
定價500元

拔罐
排毒
一身輕
定價330元

圖解
針灸美容
定價350元

針灸臨床
定價350元

圖解推拿
防治百病
定價350元

佛香
定價330元

定價300元

現代
女性養生
定價250元

現代
男性養生
定價230元

每天3分鐘
永保安康
定價230元

脊柱養生術
吳氏正椎法
定價230元

快速望診
斷健康
定價330元

易經筋推拿療法
永門
定價300元

針灸
特效全圖解
定價300元

按摩
特效穴速成
定價280元

養生保健穴
速成
定價280元

312
經絡鍛鍊
治病實例
定價250元

定價230元

定價230元

定價230元

定價230元

定價250元

定價230元

定價230元

定價230元

定價230元

定價280元

定價200元

定價550元

定價400元

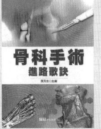

定價220元

定價250元

品冠文化出版社

圍棋輕鬆學

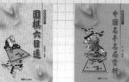
定價160元

定價300元

定價330元

定價250元

定價250元

定價250元

定價280元

定價280元

定價280元

定價250元

象棋輕鬆學

定價280元

定價280元

定價280元

定價280元

定價230元

定價450元

定價500元

智力運動

定價220元

定價250元

定價180元

定價200元

定價180元

定價180元

定價180元

定價220元

棋藝學堂

定價180元

定價220元

定價180元

定價180元

定價180元

定價180元

太極武術教學光碟

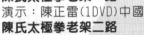

歡迎至本公司購買書籍

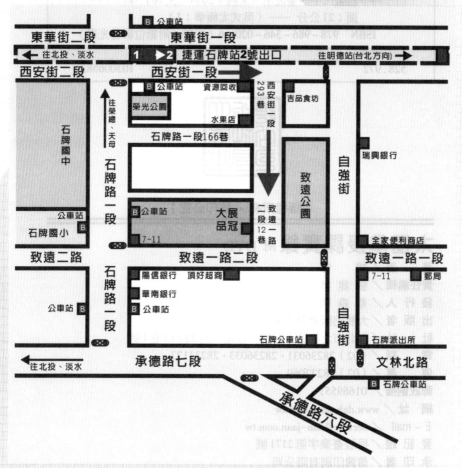

建議路線

1. 搭乘捷運・公車

　　淡水線石牌站下車，由石牌捷運站2號出口出站(出站後靠右邊)，沿著捷運高架往台北方向走(往明德站方向)，其街名為西安街，約走100公尺(勿超過紅綠燈)，由西安街一段293巷進來(巷口有一公車站牌，站名為自強街口)，本公司位於致遠公園對面。搭公車者請於石牌站(石牌派出所)下車，走進自強街，遇致遠路口左轉，右手邊第一條巷子即為本社位置。

2. 自行開車或騎車

　　由承德路接石牌路，看到陽信銀行右轉，此條即為致遠一路二段，在遇到自強街(紅綠燈)前的巷子(致遠公園)左轉，即可看到本公司招牌。

大展好書　好書大展
品嘗好書　冠群可期